全 世 界 无 产 者，联 合 起 来！

列　宁

共产主义运动中的"左派"幼稚病

中共中央 马克思　恩格斯 著作编译局编译
列　宁　斯大林

人民出版社

编 辑 说 明

马克思、恩格斯和列宁的著作是马克思主义的理论原典,是学习、研究、宣传和普及马克思主义的基础文献。为了适应马克思主义中国化、时代化、大众化不断推进的形势,满足广大读者多层次的需求,我们总结了迄今为止的编译经验,考察了国内外出版的有关读物,吸收了理论界提出的宝贵建议,精选马克思、恩格斯和列宁的重要著述,编成《马列主义经典作家文库》。

文库辑录的文献分为三个系列:一是著作单行本,收录经典作家撰写的独立成书的重要著作;二是专题选编本,收录经典作家集中论述有关问题的短篇著作和论著节选;三是要论摘编本,辑录经典作家对有关专题的论述,按逻辑结构进行编排。

文库编辑工作遵循面向实践、贴近群众的原则,力求在时代特色、学术质量、编排设计方面体现新的水准。

本系列是《马列主义经典作家文库》的著作单行本,主要收录马克思、恩格斯和列宁的基本著作以及在各个历史时期的代表性著作,同时收入马克思、恩格斯和列宁在不同时期为这些著作撰写的序言、导言或跋。有些重点著作还增设附录,收入对理解和研究经典著作正文有重要参考价值的文献和史料。列入著作单行本系列的文献一般都是全文刊行,只有马克思恩格斯的《德意志意识形态》、马克思的经济学手稿以及列宁的《哲学笔记》等篇幅较大的著作采用节选形式。

著作单行本系列所收的文献均采用马克思、恩格斯和列宁著作最新版本的译文,以确保经典著作译文的统一性和准确性。自1995年起,由我局编译的《马克思恩格斯全集》第二版陆续问世,迄今已出版24卷;从2004年起,我们又先后编译并出版了《马克思恩格斯文集》和《马克思恩格斯选集》第三版。著作单行本系列收录的马克思恩格斯著作采用了上述最新版本的译文,对未收入上述版本的马克思恩格斯著作的译文,我们按照最新版本的编译标准进行了审核和修订;列宁著作则采用由我局编译的《列宁全集》第二版、第二版增订版和《列宁选集》第三版修订版译文。

著作单行本系列采用统一的编辑体例。每本书正文前面均刊有《编者引言》,简要地综述相关著作的时代背景、理论观点和历史地位,帮助读者理解原著、把握要义;同时概括地介绍相关著作写作和流传情况以及中文译本的编译出版情况,供读者参考。正文后面均附有注释和人名索引,以便于读者查考和检索。

著作单行本系列的技术规格沿用《马克思恩格斯全集》第二版和《列宁全集》第二版的相关规定。在马克思、恩格斯、列宁著作的目录和正文中,凡标有星花 * 的标题都是编者加的;引文中的尖括号〈 〉内的文字和标点符号是马克思、恩格斯、列宁加的;未注明"编者注"的脚注,是马克思、恩格斯、列宁的原注;人名索引的条目按汉语拼音字母顺序排列。在马克思恩格斯著作中,引文里加圈点处是马克思、恩格斯加着重号的地方,目录和正文中方括号［　］内的文字是编者加的。在列宁著作中,凡注明"俄文版编者注"的脚注都是指《列宁全集》俄文第五版编者加的注,人名索引中的条头括号内用黑体字排印的是相关人物的真实姓名,未加黑体的则是笔名、别名、曾用名或绰号。此外,列宁著作标题下括号内的日期是编者加的;编者加的日期,公历和俄历并用时,俄历在前,公历在后。

中共中央　马克思　恩格斯　著作编译局
　　　　　列　宁　斯大林

2014 年 6 月

目　　录

插　图

编者引言

《共产主义运动中的"左派"幼稚病》是列宁论述无产阶级革命政党的战略和策略问题的重要著作。

共产国际第一次代表大会（1919年3月）以后，在欧美很多国家相继成立了共产党，国际共产主义运动有了新的发展。然而有些新成立的共产党虽然具有革命热情，但缺乏革命理论修养和斗争经验，没有很好掌握马克思主义的战略和策略思想，不善于把马克思主义的普遍原理同本国的实际结合起来，在有关无产阶级革命的一些重大问题上表现出"左"的错误倾向：一些"左派"共产党人否认党的集中领导和铁的纪律，不愿通过艰苦细致的工作来争取和引导广大的群众，拒绝到反动工会中去开展革命工作，拒绝利用资产阶级议会制进行合法斗争，否定在复杂的形势下采取灵活斗争策略的必要性，反对同其他党派实行任何必要的妥协，等等。为了帮助他们认识和纠正错误，正确理解和运用马克思主义的战略和策略，列宁在共产国际第二次代表大会（1920年7—8月）召开前夕撰写了这部著作。

列宁在这部著作中首先阐明了俄国革命的国际意义。他说："所谓国际意义是指我国所发生过的事情在国际上具有重要性，或者说，具有在国际范围内重演的历史必然性，因此必须承认，具有国际意义的是我国革命的某些基本特点。"（见本书第3页）他在这部著作中结合国际共产主义运动中最迫切的战略和策略问题，向各国共产党介绍俄国革命的经验，指导它们结合本国实际学习和运用布尔什维主义的具有普遍意义的策略原则。

列宁论述了布尔什维克取得成功的一个基本条件，这就是：它有着极严格的真正铁的纪律，得到了整个工人阶级和广大人民群众的真诚拥护。无产阶级政党的这种严格的纪律能够维持并不断加强，一是"靠无产阶级先锋队的觉悟和它对革命的忠诚"；二是"靠它善于同最广大的劳动群众，首先是同无产阶级劳动群众，**但同样也同非无产阶级**劳动群众联系、接近，甚至可以说在某种程度上同他们打成一片"；三是"靠这个先锋队所实行的政治领导正确，靠它的政治战略和策略正确"（见本书第7页）。布尔什维主义之所以能够建立并且在异常艰难的条件下实现极严格的集中和铁的纪律，是因为布尔什维主义是在坚固的马克思主义理论基础上产生的，俄国革命者在长期革命实践中"真是**饱经苦难才找到了马克思主义这个唯一正确的革命理论**"（见本书第8页）。

列宁回顾了布尔什维主义在俄国革命几个主要阶段的特点，总结了布尔什维克运用马克思主义的战略和策略领导俄国人民进行革命斗争的经验，指出它善于根据革命形势的变化，交替运用各种不同的斗争手段和斗争形式，为夺取十月革命的胜利作了谨慎的、周到的、细致的和长期的准备。列宁阐明了布尔什维主义发展壮大的战斗历程,指出布尔什维主义首先是而且主要是在反对机会主义的斗争中成长、壮大和得到锻炼的,机会主义在帝国主义战争爆发后彻底变成社会沙文主义,成为布尔什维主义在工人运动内部的主要敌人。列宁着重剖析了布尔什维主义在工人运动内部的另一个敌人,即小资产阶级的革命性,指出"布尔什维主义是在**同小资产阶级革命性**作长期斗争中成长、成熟和得到锻炼的"(见本书第14页)。他联系小资产阶级革命性在工人运动中的种种表现,着重分析布尔什维克党内出现的"左"倾错误及其根源。

德国"左派"共产党人曲解领袖、政党、阶级和群众的关系,制造"群众"和"领袖"、政党和阶级的对立。列宁针对他们的这种错误观点,用唯物史观的基本原理,阐明了领袖、政党、阶级和群众的关系,指出:"群众是划分为阶级的";"阶级是由政党来领导的;政党通常是由最有威信、最有影响、最有经验、被选出担任最重要职务而称为领袖的人们所组成的比较稳定的集团来主持的"(见本书第23页)。列宁批判了"左派"共产党人否定政党和党的纪律的错误主张,指出这种主张的严重危害就在于完全解除无产阶级的武装,纵容小资产阶级的散漫、动摇、不能坚持、不能团结、不能步调一致,这样必然会断送无产阶级的革命运动。列宁着重论述了党的领导和党的纪律对坚持和巩固无产阶级专政的重要意义。他写道:"无产阶级专政是对旧社会的势力和传统进行的顽强斗争,流血的和不流血的,暴力的和和平的,军事的和经济的,教育的和行政的斗争。千百万人的习惯势力是最可怕的势力。没有铁一般的在斗争中锻炼出来的党,没有为本阶级一切正直的人们所信赖的党,没有善于考察群众情绪和影响群众情绪的党,要顺利地进行这种斗争是不可能的。""谁哪怕是把无产阶级政党的铁的纪律

稍微削弱一点(特别是在无产阶级专政时期),那他事实上就是在帮助资产阶级来反对无产阶级。"(见本书第26—27页)

　　列宁针对德国"左派"共产党人拒绝到反动工会中去开展争取群众的工作、拒绝利用资产阶级议会制进行合法斗争的错误言行,阐明了无产阶级政党对待工会和议会的基本原则。列宁指出:在资本主义社会成立工会是工人阶级的一大进步,实现了初步阶级联合,但随着无产阶级革命政党的建立和发展,工会不可避免地暴露出某些反动色彩,还出现了"工人贵族"。"左派"共产党人以此为借口拒绝参加反动工会,"不在反动工会里工作,就等于抛开那些还不够十分成熟的或落后的工人群众,听凭他们接受反动领袖、资产阶级的代理人、工人贵族或'资产阶级化了的工人'的影响。"(见本书第35页)共产党人应当做到**"哪里有群众,就一定到哪里去工作"**;"应该善于作出一切牺牲,克服极大的障碍,在一切有无产阶级群众或半无产阶级群众的机关、社团和协会(哪怕这些组织是最反动不过的)里有步骤地、顽强地、坚定地、耐心地进行宣传和鼓动。"(同上)"共产党人的全部任务,就是要善于**说服**落后分子,善于**在**他们**中间**进行工作,而不是臆想出一些幼稚的'左的'口号,**把自己**同他们**隔离开来**。"(见本书第36页)

　　列宁批驳了德国"左派"共产党人认为议会制斗争形式已经过时、应当坚决拒绝的错误主张,指出:"在德国,议会制在政治上**还没有**过时,革命无产阶级的政党**必须**参加议会选举,参加议会讲坛上的斗争,其目的**正是**在于教育**本阶级**的落后阶层,正是在于唤醒和启发水平不高的、备受压抑的和愚昧无知的农村**群众**。"(见本书第41页)共产党人"必须学会创造一种新的、不寻常的、非机会主义的、不贪图禄位的议会活动"(见本书第81页),应当在资产阶级议会内部进行长期的、顽强的、百折不挠的斗争,揭露、消除资产阶级民主偏见和议会制偏见对工人和农民中的落后阶层的影响;应当"在反动议会内建立一个由坚定、忠诚、英勇的共产党人组成的优秀的议会党团"(见本书第47页)。"左派"共产党人妄想"'跳过'利用反动议会来达到革命目的这个难关,那是十足的孩子气"(同上)。

列宁还驳斥了"左派"共产党人无视形势的发展变化和斗争的复杂性,违背马克思主义的辩证法,笼统否定一切妥协的错误观点,指出:应当分清两种不同性质的妥协,一种是基于对客观条件的科学分析而作出的必要的妥协,这种妥协丝毫不会削弱工人阶级对革命的忠诚;另一种是叛徒的妥协,他们屈从于资产阶级的威逼利诱,出卖工人阶级革命事业。列宁指出,对于危害革命阶级的机会主义的妥协,要善于识别并竭尽全力予以揭露,但不要以为,"只要一承认容许**妥协**,就会抹杀机会主义(我们正同它并且必须同它进行不调和的斗争)和革命马克思主义或共产主义之间的任何界限"(见本书第51页)。他强调,为了战胜强大的敌人,无产阶级政党必须审时度势、权衡利弊,在恪守基本原则、坚持革命方向的前提下,可以对其他政党包括资产阶级政党实行必要的通融和妥协;必须把原则的坚定性和策略的灵活性结合起来,"把对共产主义思想的无限忠诚同善于进行一切必要的实际的妥协、机动、通融、迂回、退却等等的才干结合起来"(见本书第77页),必须利用敌人之间的一切利益上的矛盾和裂痕,利用一切机会,哪怕是极小的机会,来获得大量的同盟者;"谁不懂得这一点,谁就是丝毫不懂得马克思主义,丝毫不懂得**现代的科学社会主义**"(见本书第53页)。

列宁告诫共产党人要正确地对待错误。他说:"一个政党对自己的错误所抱的态度,是衡量这个党是否郑重,是否**真正**履行它对本**阶级**和劳动**群众**所负义务的一个最重要最可靠的尺度。公开承认错误,揭露犯错误的原因,分析产生错误的环境,仔细讨论改正错误的方法——这才是一个郑重的党的标志,这才是党履行自己的义务,这才是教育和训练**阶级**,进而又教育和训练**群众**。"(见本书第39—40页)

列宁对参加共产国际的各国共产党人寄予厚望,并给他们指明今后斗争方向。列宁希望各国共产党人十分自觉地既要考虑到同机会主义和"左倾"学理主义的斗争这个主要的基本任务,又要考虑到这一斗争由于各国经济、政治、文化、民族构成、宗教信仰等方面的差异而必然具有的具体特点;要认识到,各国共产主义工人运动国际政策的统一不是要求消除多样性和民族差别,而是要求针对这种多样性和民族差别,正确地运用共产党人的基本原则,使之适应于各国、各民族的具体情况。他强调指出:"在每个国家通过**具体的**途径来完成**统一的**国际任务,战胜工人运动内部的机会主义和左倾学理主义,推翻资产阶级,建立苏维埃共和国和无产阶级专政的时候,都必须查明、弄清、找到、揣摩出和把握住民族的特点和特征,这就是一切先进国家(而且不仅是先进国家)在目前历史时期的主要任务。"(见本书第75页)他告诫各国共产党人不仅要善于领导自己的党,还要善于引导广大群众。他说:"单靠先锋队是不能胜利的。当整个阶级,当广大群众还没有采取直接支持先锋队的立场,或者还没有对先锋队采取至少是善意的中立并且完全不会去支持先锋队的敌人时,叫先锋队独自去进行决战,那就不仅是愚蠢,而且是犯罪。"(同上)他还指出,革命形势错综复杂,革命阶级为了实现自己的任务,必须善于掌握社会活动的一切形式和一切斗争手段,善于把不合法斗争形式和一切合法斗争形式结合起来;"一切国家的一切共产党人要普遍而彻底地认识到必须使自己的策略具有最大的**灵活性**"(见本书第84页)。

列宁的这部著作于1920年4月27日脱稿,5月5日手稿发到国家出版社彼得格勒分社。5月9日,一校样发回莫斯科。5月23日,列宁将5月12日写完的本书增补部分连同经他校阅过的校样一起发往彼得格勒。6月12日本书俄文本出版,接着法文本和英文本也几乎同时于7月在俄国出版。在共产国际第二次代表大会召开时,本书分发给了代表大会全体代表。1920年下半年,本书的德、英、法、意译本分别在柏林、汉堡、伦敦、纽约、巴黎和米兰出版。在《共产主义运动中的"左派"幼稚病》一书的手稿上有一个副标题"马克思主义战略和策略通俗讲话的尝试"和一段讽刺性献词:"谨将此小册子献给最可敬的劳合-乔治先生,以对其1920年3月18日所作的几乎是马克思主义的、至少是对全世界共产党人和布尔什维克极有教益的演说表示谢忱。"但是,列宁亲自校阅过的该书第一版,以及根据这一版刊印的其他各种单行本和全集本都删去了这个副标题和献词,只有《列宁全集》俄文第二、三版刊印过这个副标题和献词。

在中国,《共产主义运动中的"左派"幼稚病》最早由子云摘译了第十节《几点结论》,以《列宁主义的革命战术》为题连载于1926年1月16、23日上海出版的《中国青年》第110、111期上。1936年6月,莫斯科外国工人出版社出版单行本。1946年7月延安解放社出版的《列宁选集》中文版第18卷收入由张仲实根据俄文原文和英文译本重新校阅的版本,中共中央把这部著作列为

"干部必读"书目之一。新中国成立后,这部著作由中央编译局重新翻译。人民出版社1957年10月出版的《列宁论伟大的十月社会主义革命》一书摘录了这部著作的第一、七、十节。后来中央编译局对译文作了多次修订,全文收入《列宁全集》第1版第31卷、第2版第39卷、第2版增订版第39卷和《列宁选集》第1版第4卷;节选收入《列宁选集》第2版第4卷、第3版第4卷、第3版修订版第4卷和《列宁专题文集》中的《论无产阶级政党》卷。

　　本书采用《列宁全集》中文第2版增订版的译文。

列　宁

共产主义运动中的
"左派"幼稚病

（1920 年 4—5 月）

N. ЛЕНИН

ДЕТСКАЯ
БОЛЕЗНЬ
«ЛЕВИЗНЫ»
В КОММУ:
НИЗМЕ

ГОСУДАРСТВЕННОЕ
ИЗДАТЕЛЬСТВО

ПЕТЕРБУРГ
1·9·2·0

1920 年列宁《共产主义运动中的"左派"幼稚病》一书封面

一

在什么意义上可以说
俄国革命具有国际意义？

　　无产阶级在俄国夺取政权（1917年10月25日，即公历11月7日）后的最初几个月，人们可能觉得，由于落后的俄国同先进的西欧各国有巨大的差别，西欧各国的无产阶级革命同我国的革命将很少有相似之处。现在我们已经有相当丰富的国际经验，它十分明确地说明，我国革命的某些基本特点所具有的意义，不是局部地区的、一国特有的、仅限于俄国的意义，而是国际的意义。我这里所说的国际意义不是按广义来说的，不是说：不仅我国革命的某些基本特点，而且所有基本特点和许多次要特点都具有国际意义，都对所有国家发生影响。不是的，我是按最狭义来说的，就是说，所谓国际意义是指我国所发生过的事情在国际上具有重要性，或者说，具有在国际范围内重演的历史必然性，因此必须承认，具有国际意义的是我国革命的某些基本特点。

　　当然，要是夸大这个真理，说它不限于我国革命的某些基本特点，那是极大的错误。如果忽略另外一点，同样也是错误的，那就是：只要有一个先进国家的无产阶级革命取得了胜利，就很可能发生一个大变化，那时，俄国很快就不再是模范的国家，而又会成为落后的（在"苏维埃"和社会主义的意义上来说）国家了。

　　但在目前历史时期，情况正是这样：俄国这一模范向**所有国家**

展示了它们在不久的将来必然会发生某些事情,而且是极重大的事情。各国先进工人早就懂得了这一点,而在更多的情况下,与其说是懂得了这一点,不如说是他们凭着革命阶级的本能而领悟到了这一点,感觉到了这一点。因此苏维埃政权以及布尔什维主义的理论原理和策略原理具有国际的"意义"(按狭义来说)。第二国际的"革命"领袖们,如德国的考茨基、奥地利的奥托·鲍威尔和弗里德里希·阿德勒之流不懂得这一点,因此他们成了反动分子,成了最坏的机会主义和背叛社会主义的行为的辩护人。例如,1919 年维也纳出版的一本没有署名的小册子《世界革命》(«Welt-revolution»)(《社会主义丛书》伊格纳茨·勃兰德出版社版第 11 册),就异常清楚地表明了这些人的整个思路和整套思想,更确切些说,表明了他们的困惑、迂腐、卑鄙和对工人阶级利益的背叛,已经达到了无以复加的程度,而这一切又都是用"捍卫""世界革命"的思想作幌子的。

但是,对于这本小册子的详细评论,要等以后有机会时再说了。这里我们只想再指出一点:在很久以前,当考茨基还是一个马克思主义者而不是叛徒的时候,他曾经以一个历史学家的态度看问题,预见到可能会有一天,俄国无产阶级的革命精神将成为西欧的模范。这是 1902 年的事,当时考茨基在革命的《火星报》[1]上写了一篇题为《斯拉夫人和革命》的文章。他是这样写的:

"现时〈与 1848 年不同〉可以认为,不仅斯拉夫人加入了革命民族的行列,而且革命思想和革命活动的重心也愈来愈移向斯拉夫人那里。革命中心正从西向东移。19 世纪上半叶,革命中心在法国,有时候在英国。到了 1848 年,德国也加入了革命民族的行列…… 揭开新世纪序幕的一些事变使人感到,我们正在迎接革命中心的进一步转移,即向俄国转移…… 从西欧接受了这么多的革命首创精神的俄国,也许现在它本身已有可能成为西欧革命动力的源泉了。轰轰烈烈的俄国革命运动，也许会成为一种最强有力的手段，足以铲除在我们队伍中开始蔓延的萎靡不振的庸俗习气和鼠目寸光的政客作风，促使斗争的渴望和对我们伟大理想的赤诚重新燃起熊熊的火焰。俄国对于西欧来说早已不再是反动势力和专制制度的堡垒了。现在的情况也许恰恰相反。西欧正变成支持俄国反动势力和专制制度的堡垒……俄国的革命者如果不是同时必须跟沙皇的同盟者——欧洲资本作战，也许早就把沙皇打倒了。我们希望，这一次他们能够把这两个敌人一起打倒，希望新的'神圣同盟'比它的前驱垮得更快一些。但是不管俄国目前斗争的结局如何，那些在斗争中牺牲的烈士(不幸的是，牺牲的人会很多很多)所流的鲜血和所受的苦难，决不会是白费的。他们将在整个文明世界中培育出社会革命的幼苗，使它们长得更茂盛、更迅速。1848年时，斯拉夫人还是一股凛冽的寒流，摧残了人民春天的花朵。也许现在他们注定要成为一场风暴，摧毁反动势力的坚冰，以不可阻挡之势给各国人民带来新的幸福的春天。"(**卡尔·考茨基**《斯拉夫人和革命》，载于1902年3月10日俄国社会民主党的革命报纸——《火星报》第18号)

卡尔·考茨基在18年前写得多好啊！

二

布尔什维克成功的
基本条件之一

大概，现在差不多每个人都能看出，如果我们党没有极严格的真正铁的纪律，如果我们党没有得到整个工人阶级全心全意的拥护，就是说，没有得到工人阶级中所有一切善于思考、正直、有自我牺牲精神、有威信并且能带领或吸引落后阶层的人的全心全意的拥护，那么布尔什维克别说把政权保持两年半，就是两个半月也保持不住。

无产阶级专政是新阶级对**更强大的**敌人，对资产阶级进行的最奋勇和最无情的战争。资产阶级的反抗，由于资产阶级被推翻（哪怕是在一个国家内）而**凶猛十倍**；资产阶级的强大不仅在于国际资本的力量，在于它的各种国际联系牢固有力，而且还在于**习惯的力量，小生产**的力量。这是因为世界上可惜还有很多很多小生产，而小生产是经常地、每日每时地、自发地和大批地**产生着**资本主义和资产阶级的。由于这一切原因，无产阶级专政是必要的，不进行长期的、顽强的、拼命的、殊死的战争，不进行需要坚持不懈、纪律严明、坚定不移、百折不挠和意志统一的战争，便不能战胜资产阶级。

再说一遍，俄国无产阶级专政取得胜利的经验向那些不善于思索或不曾思索过这一问题的人清楚地表明，无产阶级实现无条件的集中和极严格的纪律，是战胜资产阶级的基本条件之一。

人们时常议论这个问题。但是这到底是什么意思呢？这在什么情况下才是可能的呢？关于这些，他们却考虑得远远不够。在对苏维埃政权和布尔什维克欢呼的同时，是不是应该对布尔什维克**为什么能够建立革命无产阶级所必需的纪律的原因多作些极其认真的分析**呢？

布尔什维主义作为一种政治思潮，作为一个政党而存在，是从1903年开始的。只有布尔什维主义存在的**整个**时期的历史，才能令人满意地说明，为什么它能够建立为无产阶级胜利所必需的铁的纪律并能在最困难的条件下坚持住这种纪律。

这里首先发生这样一个问题：无产阶级革命政党的纪律是靠什么来维持的？是靠什么来检验的？是靠什么来加强的？第一，

6

是靠无产阶级先锋队的觉悟和它对革命的忠诚，是靠它的坚韧不拔、自我牺牲和英雄气概。第二，是靠它善于同最广大的劳动群众，首先是同无产阶级劳动群众，**但同样也同非无产阶级**劳动群众联系、接近，甚至可以说在某种程度上同他们打成一片。第三，是靠这个先锋队所实行的政治领导正确，靠它的政治战略和策略正确，而最广大的群众根据**切身经验**也确信其正确。一个革命政党，要真正能够成为必将推翻资产阶级并改造整个社会的先进阶级的政党，没有上述条件，就不可能建立起纪律。没有这些条件，建立纪律的企图，就必然会成为空谈，成为漂亮话，成为装模作样。可是另一方面，这些条件又不能一下子就产生。只有经过长期的努力和艰苦的实践才能造成这些条件；正确的革命理论——而理论并不是教条——会使这些条件容易造成，但只有同真正群众性的和真正革命的运动的实践密切地联系起来，这些条件才能最终形成。

布尔什维主义所以能够建立并且在 1917—1920 年异常艰难的条件下顺利地实现极严格的集中和铁的纪律，其原因仅仅在于俄国有若干历史特点。

一方面，布尔什维主义是 1903 年在最坚固的马克思主义理论基础上产生的。而这个——也只有这个——革命理论的正确性，不仅为整个 19 世纪全世界的经验所证实，尤其为俄国革命思想界的徘徊和动摇、错误和失望的经验所证实。在将近半个世纪里，大约从上一世纪 40 年代至 90 年代，俄国进步的思想界在空前野蛮和反动的沙皇制度的压迫之下，曾如饥似渴地寻求正确的革命理论，专心致志地、密切地注视着欧美在这方面的每一种"最新成就"。俄国在半个世纪里，经受了闻所未闻的痛苦和牺牲，表现了空前未有的革命英雄气概，以难以置信的毅力和舍身忘我的精神去探索、学习和实验,经受了失望,进行了验证,参照了欧洲的经验,真是**饱经苦难才找到了**马克思主义这个唯一正确的革命理论。由于人们在沙皇政府的迫害下侨居国外,俄国的革命者在 19 世纪下半叶同国际的联系相当广泛,对世界各国革命运动的形式和理论十分熟悉,这是世界上任何一国所不及的。

另一方面,在这个坚如磐石的理论基础上产生的布尔什维主义,有了 15 年(1903—1917 年)实践的历史,这段历史的经验之丰富是举世无比的。这是因为任何一个国家在这 15 年内,在革命经验方面,在各种运动形式——合法的和不合法的、和平的和激烈的、地下的和公开的、小组的和群众的、议会的和恐怖主义的形式——更替的迅速和多样性方面,都没有哪怕类似这样丰富的经历。任何一个国家都没有在这样一个短短的时期内,集中了现代社会**一切**阶级进行斗争的如此丰富的形式、特色和方法,而且由于俄国的落后和沙皇制度的残酷压迫,这个斗争成熟得特别迅速,它如饥似渴又卓有成效地吸取了欧美政治经验方面相宜的"最新成就"。

三

布尔什维主义历史的
几个主要阶段

革命准备年代(1903—1905 年)。处处都感到大风暴即将到来。一切阶级都动了起来,准备应变。国外的侨民报刊,从理论上提出了革命的**一切**基本问题。三个主要阶级的代表,即自由主义资产阶级派、小资产阶级民主派(它挂着"社会民主"派和"社会革命"派[2]的招牌)和无产阶级革命派这三个主要政治派别的代表,在纲领观点和策略观点上进行着十分激烈的斗争,预示着和准备着行将到来的公开的阶级斗争。1905—1907年间以及1917—1920年间导致群众武装斗争的**一切**问题,都可以(而且应当)在当时报刊上找到它们的最初提法。自然,在这三个主要派别之间,还有无数中间的、过渡的、摇摆的派别。确切些说,在各机关报刊、各政党、各派别、各集团之间所展开的斗争中,逐渐形成真正代表阶级的各种思想政治派别;各阶级都在为未来的战斗锻造自己的思想政治武器。

革命年代(1905—1907年)。一切阶级都公开登台了。一切纲领观点和策略观点都受到群众行动的检验。罢工斗争的广泛和激烈是世界上前所未见的。经济罢工发展为政治罢工,政治罢工又发展为起义。领导者无产阶级同动摇不定的被领导者农民之间的相互关系,受到了实际检验。苏维埃这种组织形式在自发的斗争进程中诞生了。当时关于苏维埃的意义的争论,就预示了1917—1920年间的伟大斗争。议会斗争形式和非议会斗争形式的更替,抵制议会活动的策略和参加议会活动的策略的更替,合法的斗争形式和不合法的斗争形式的更替,以及这些斗争形式的相互关系和联系——这一切都具有异常丰富的内容。这个时期的每一个月,就群众和领袖、阶级和政党所受的政治科学原理的训练来说,可以等于"和平""宪政"发展时期的整整一年。没有1905年的"总演习",就不可能有1917年十月革命的胜利。

反动年代(1907—1910年)。沙皇制度胜利了。一切革命党和反对党都失败了。消沉、颓丧、分裂、涣散、叛卖和色情代替了政治。追求哲学唯心主义的倾向加强了;神秘主义成了掩盖反革命情绪的外衣。但同时正是这一大失败给革命政党和革命阶级上了真正的和大有教益的一课,上了历史辩证法的一课,上了使它们懂得如何进行、善于进行和巧妙进行政治斗争的一课。患难识朋友。战败的军队会很好地学习。

胜利了的沙皇制度,不得不加速破坏俄国资本主义以前的宗法制度残余。俄国资产阶级性质的发展突飞猛进。非阶级的、超阶级的幻想,认为可以避免资本主义的幻想,都破灭了。阶级斗争采取了完全新的、更加鲜明的形式。

革命政党应当补课。它们学习过进攻。现在必须懂得,除了进攻以外,还必须学会正确地退却。必须懂得——而革命阶级也正在从本身的痛苦经验中领会到——不学会正确的进攻和正确的退却,就不能取得胜利。在所有被击败的反对党和革命党中,布尔什维克退却得最有秩序,他们的"军队"损失得最少,骨干保存得最多,发生的分裂最小(就其深度和难于挽救的程度来说),颓丧情绪最轻,他们最广泛、最正确和最积极地去恢复工作的能力也最强。布尔什维克所以能够如此,只是因为他们无情地揭露了并且驱逐了口头革命家,这些人不愿意懂得必须退却,必须善于退却,必须学会在最反动的议会、最反动的工会、合作社、保险会等组织中进行合法工作。

高潮年代(1910—1914年)。高潮起初来得非常缓慢,1912年勒拿事件[3]后,稍微快了一些。经过1905年,整个资产阶级看清了孟什维克是资产阶级在工人运动中的代理人,于是千方百计来支持他们反对布尔什维克,布尔什维克克服了闻所未闻的困难,才打退了他们。但是,如果布尔什维克不是运用了正确的策略,即既要进行不合法的工作,又必须利用"合法机会",那他们是永远做不到这一点的。在最反动的杜马中,布尔什维克把整个工人选民团都争取过来了。

第一次帝国主义世界大战(1914—1917年)。在"议会"极端反动的条件下,合法的议会活动使布尔什维克这一革命无产阶级的政党获得了极大的益处。布尔什维克代表被流放到西伯利亚。[4] 社会帝国主义、社会沙文主义、社会爱国主义、不彻底的和彻底的国际主义、和平主义以及反对和平主义幻想的革命主张——所有这些形形色色的观点,都在我们的侨民报刊上充分反映出来了。第二国际中的书呆子和老懦夫,看到俄国社会主义运动内部"派别"繁多,斗争剧烈,都高傲地嗤之以鼻,可是战争把**一切**先进国家中夸耀一时的"合法性"夺去以后,他们甚至连近似俄国革命家在瑞士和其他一些国家里组织自由(秘密)交换意见和自由(秘密)探索正确观点这样的事情,都没有做到。正因为如此,各国公开的社会爱国主义者也好,"考茨基主义者"也好,都成了最恶劣的无产阶级叛徒。布尔什维克主义所以能在1917—1920年间获得胜利,其基本原因之一,就是它从1914年底就开始无情地揭露社会沙文主义和"考茨基主义"(法国的龙格主义[5]以及英国的独立工党[6]首领、费边派[7]和意大利的屠拉梯之流的见解,也同"考茨基主义"一样)的卑鄙龌龊和下流无耻,而群众后来根据自身的经验,也日益相信布尔什维克的观点是正确的。

俄国第二次革命(1917年2月至10月)。沙皇制度的极端腐朽和衰败(加上极其痛苦的战争的打击和负担)造成了一种摧毁这个制度的极大力量。在几天之内,俄国就变成了比世界上任何国家都自由(在战争环境里)的资产阶级民主共和国。反对党和革命党的领袖,也同在最"严格的议会制"共和国内一样,出来组织政府;而且议会(尽管是反动透顶的议会)反对党领袖的身份,**使**这种领袖在革命中**容易**继续发挥作用。

孟什维克和"社会革命党人"[8]在几个星期内就对第二国际的欧洲英雄们、内阁派[9]以及其他机会主义渣滓的那套方法和手腕、那套论据和诡辩十分精通了。我们现在读到有关谢德曼和诺斯克之流、考茨基和希法亭、伦纳和奥斯特尔利茨、奥托·鲍威尔和弗里茨·阿德勒、屠拉梯和龙格、英国费边派及独立工党领袖等人的一切评述,总觉得是(事实上也是)旧调重弹,索然无味。所有这些我们已经在孟什维克那里见过了。历史真是开了个玩笑,竟使一个落后国家的机会主义者抢到许多先进国家机会主义者的前面去了。

如果说第二国际的一切英雄都破了产,他们在苏维埃和苏维埃政权的意义和作用这个问题上丢了脸,如果说现在脱离了第二国际的三个非常重要的政党(即德国独立社会民主党[10]、法国龙格派的党和英国独立工党)的领袖们,在这个问题上也特别"光彩地"丢了脸而且变得糊涂透顶,如果说所有这些人都成了小资产阶级民主派偏见的奴隶(同1848年自命为"社会民主派"的小资产者一模一样),那么**这一切**我们**已经**在孟什维克身上看到了。历史开了这样的玩笑:1905年俄国产生了苏维埃;在1917年2月到10月间,孟什维克篡改了苏维埃,他们由于无法理解苏维埃的作用和意义而破产了;现在,苏维埃政权的思想已经**在全世界**诞生,并且正以空前未有的速度在各国无产阶级中间传播开来,而第二国际的老英雄们也像我国孟什维克一样,由于无法理解苏维埃的作用和意义而**到处**遭到破产。经验证明,在无产阶级革命某些非常重要的问题上,**一切**国家都必然要做俄国已经做过的事情。

布尔什维克发动反对议会制(实际上是)资产阶级共和国、反对孟什维克的胜利斗争,是极其审慎的,所作的准备也绝不像现在欧美各国所常常认为的那样简单。在这一时期的初期,我们**没有**号召去推翻政府,而是说明,**不预先改变苏维埃的成分并且扭转苏维埃的情绪,是不能推翻政府的**。我们没有宣布抵制资产阶级的议会,即立宪会议,而是说,并且从我们党的四月(1917 年)代表会议[11]起就用党的名义正式说,有立宪会议的资产阶级共和国要比没有立宪会议的好,而"工农"共和国即苏维埃共和国,则要比任何资产阶级民主共和国即议会制共和国好。没有这种谨慎的、周到的、细致的和长期的准备,我们就既不能取得 1917 年 10 月的胜利,也不能巩固住这个胜利。

四

布尔什维主义是在反对工人运动内部哪些敌人的斗争中成长、壮大和得到锻炼的?

首先是而且主要是在反对机会主义的斗争中。机会主义在1914 年彻底变成社会沙文主义,彻底倒向资产阶级方面反对无产阶级。这自然是布尔什维主义在工人运动内部的主要敌人。现在这个敌人在国际范围内仍然是主要敌人。对于这个敌人,布尔什维主义过去和现在都给予极大的注意。布尔什维克在这方面的活动,现在就是国外也知道得很清楚。

关于布尔什维主义在工人运动内部的另一个敌人，就不能这样说了。国外还极少知道布尔什维主义是在同**小资产阶级革命性**作长期斗争中成长、成熟和得到锻炼的。这种革命性有些像无政府主义，或者说，有些地方照搬无政府主义；它在任何重大问题上，都背离无产阶级进行坚韧的阶级斗争的条件和要求。马克思主义者在理论上完全认定，并且欧洲历次革命和革命运动的经验也充分证实：小私有者，即小业主（这一社会类型的人在欧洲许多国家中都十分普遍地大量存在着），在资本主义制度下一直受到压迫，生活往往异常急剧地恶化，以至遭到破产，所以容易转向极端的革命性，却不能表现出坚韧性、组织性、纪律性和坚定性。被资本主义摧残得"发狂"的小资产者，和无政府主义一样，是一切资本主义国家所固有的一种社会现象。这种革命性动摇不定，华而不实，而且很容易转为俯首听命、消沉颓丧、耽于幻想，甚至转为"疯狂地"醉心于这种或那种资产阶级的"时髦"思潮——这一切都是人所共知的。可是革命政党光在理论上抽象地承认这些真理，还丝毫不能避免重犯旧错误，这种错误总是会由于意想不到的原因，以稍微不同一点的形式，以前所未见的打扮或装饰，在独特的（多少独特一点的）环境里重新表现出来。

无政府主义往往是对工人运动中机会主义罪过的一种惩罚。这两种畸形东西是互相补充的。如果说俄国的无政府主义在两次革命（1905年与1917年）及其准备时期的影响都比较小（尽管俄国居民中的小资产阶级成分大于西欧各国），那么毫无疑义，这不能不部分地归功于布尔什维主义一贯对机会主义进行了最无情最不调和的斗争。我所以说"部分地"，是因为削弱俄国无政府主义势力的，还有另一个更重要的因素，这就是无政府主义在过去（19

世纪 70 年代)曾盛极一时,从而彻底暴露了它是不正确的,不适合作革命阶级的指导理论。

布尔什维主义在 1903 年诞生时,便继承了同小资产阶级的、半无政府主义的(或者是迎合无政府主义的)革命性作无情斗争的传统;革命的社会民主党向来就有这种传统,而在 1900—1903 年俄国革命无产阶级的群众性的政党奠基期间,这种传统在我们这里已特别巩固。布尔什维克主义继承并继续了同表现小资产阶级革命性倾向最厉害的政党即"社会革命"党的斗争,这一斗争表现在下列三个主要之点上。第一,这个党否认马克思主义,顽固地不愿(说它不能,也许更确切一些)了解在采取任何政治行动之前必须对各种阶级力量及其相互关系作出极客观的估计。第二,这个党认为自己特别"革命"特别"左",因为它肯定个人恐怖、暗杀手段,而我们马克思主义者却坚决摒弃这种做法。我们摒弃个人恐怖,自然只是出于对这种手段是否适当的考虑,如果有人竟在"原则上"谴责法国大革命的恐怖行为,或者谴责已经获得胜利的革命政党在全世界资产阶级的包围下所采取的任何恐怖手段,那么这类人早在 1900—1903 年间,就已经受到当时还是马克思主义者和革命家的普列汉诺夫的嘲笑和唾弃了。第三,在"社会革命党人"看来,"左"就是嘲笑德国社会民主党内比较轻微的机会主义罪过,而在某些问题上,例如在土地问题或无产阶级专政问题上,却又效法这个党的极端机会主义者。

附带说明一点,历史现在已经在广大的、世界历史的范围内证实了我们始终坚持的那个意见:**革命的**德国社会民主党(请注意,普列汉诺夫早在 1900—1903 年间就要求把伯恩施坦开除出党[12],后来布尔什维克始终继承这种传统,在 1913 年揭穿了列金的全部卑鄙、下流和叛卖行为[13])同革命无产阶级取得胜利所必需的那种政党**最相近**。现在1920年,在战争期间和战后最初几年中发生的一切可耻的破产和危机之后,可以清楚地看到,西欧各党中正是革命的德国社会民主党才产生了最优秀的领袖,并且比别的党更早地恢复了元气和健康,重新巩固了起来。无论在斯巴达克派[14]那里,或在"德国独立社会民主党"左翼,即无产阶级一翼那里,都可以看到这种情形。这一翼正在对考茨基、希法亭、累德堡、克里斯平之流的机会主义和毫无气节进行坚定不移的斗争。如果我们现在大致回顾一下从巴黎公社到第一个社会主义苏维埃共和国这一十分完整的历史时期,那么,关于马克思主义对无政府主义的态度,便可以得到一个十分明确的毫不含糊的轮廓。归根到底马克思主义是正确的,虽然无政府主义者曾经正确地指出在多数社会党内所盛行的国家观是机会主义的,但是,第一,这种机会主义是同曲解甚至公然隐匿马克思的国家观(我在《国家与革命》一书中已经指出,恩格斯给倍倍尔的一封信,曾经异常鲜明、尖锐、直接、明确地揭穿了社会民主党内所流行的国家观是机会主义的,可是这封信竟被倍倍尔从1875年到1911年搁置了36年①)分不开的;第二,正是欧美社会党中最忠实于马克思主义的派别才最迅速最广泛地纠正了这种机会主义观点,承认了苏维埃政权及其对资产阶级议会制民主所具有的优越性。

布尔什维主义同自己党内"左"倾的斗争,有两次规模特别大:一次是1908年关于是否参加最反动的"议会"和是否参加受最反动法律限制的合法工人组织的问题;另一次是1918年(缔结

---

① 见《列宁选集》第3版修订版第3卷第167—170页。——编者注

布列斯特和约[15]时）关于可否容许某种"妥协"的问题。

1908年，"左派"布尔什维克由于顽固地不愿意了解参加最反动的"议会"的必要性而被开除出党[16]。那时"左派"——其中许多人是优秀的革命者，后来还光荣地成了（而且现在仍然是）共产党员——特别援引1905年抵制议会成功的经验作为论据。当1905年8月沙皇宣布召集咨议性的"议会"[17]时，布尔什维克同一切反对党和孟什维克相反，曾经宣布抵制，而1905年的十月革命[18]果然扫除了这个议会。那次抵制所以正确，并不是因为根本不参加反动议会是正确的，而是因为正确地估计到，当时的客观形势正在由群众罢工迅速转为政治罢工，进而转为革命罢工，再进而转为起义。而且当时的斗争内容是：让沙皇去召集第一个代表机构呢，还是设法把这个召集权从旧政权手中夺过来？后来情况不同，既然没有把握并且也不可能有把握断定是否存在着同样的客观形势，以及这种形势是否按照同样的方向和同样的速度向前发展，那么抵制便不再是正确的了。

1905年布尔什维克对"议会"的抵制，使革命无产阶级增加了非常宝贵的政治经验，表明在把合法的同不合法的斗争形式、议会的同议会外的斗争形式互相配合的时候，善于放弃议会的斗争形式，有时是有益的，甚至是必要的。但是，如果在**不同的**条件下和**不同的**环境里盲目地、机械地、不加批判地搬用这种经验，那就大错特错了。1906年布尔什维克抵制"杜马"，虽然是一个不算大的、易于补救的错误①，但毕竟已经是一个错误。至于1907年、

————————

① 关于个人所说的话，作适当的修改，也适用于政治和政党。聪明人并不是不犯错误的人。不犯错误的人是没有而且也不可能有的。聪明人是犯的错误不太大同时又能容易而迅速地加以纠正的人。

1908 年以及以后几年中的抵制,就是极其严重而难于补救的错误了,因为当时一方面不能期望革命浪潮会非常迅速地高涨并转为起义,另一方面,资产阶级君主制度正在维新的整个历史环境,使我们必须把合法的工作同不合法的工作配合起来。现在如果回顾一下这个十分完整的历史时期(它同以后各时期的联系也已经完全显示出来了),就会特别清楚地看出:假使布尔什维克当时没有在最严酷的斗争中坚持**一定要**把合法的斗争形式同不合法的斗争形式结合起来,坚持**一定要**参加最反动的议会以及其他一些受反动法律限制的机构(如保险基金会等),那么他们就**决不可能**在1908—1914 年间保住(更不用说巩固、发展和加强)无产阶级革命政党的坚强核心。

1918 年事情没有弄到分裂的地步。那时"左派"共产主义者[19]只是在我们党内形成了一个特殊集团,或者说"派别",而且为时不久。"左派共产主义者"最有名的代表,如拉狄克同志、布哈林同志,在 1918 年这一年就已公开承认了自己的错误。他们原来认为,布列斯特和约是同帝国主义者的妥协,对于革命无产阶级政党说来,在原则上是不能容许的而且是有害的。这的确是同帝国主义者的妥协,但这种妥协在当时那种情况下恰恰是**必要的**。

现在当我听到人们,例如"社会革命党人",攻击我们签订布列斯特和约的策略的时候,或者当兰斯伯里同志和我谈话,讲到"我们英国工联[20]的领袖们说,既然布尔什维克可以妥协,那他们也可以妥协"的时候,我通常是先用一个简单的"通俗的"比喻来回答:

假定您坐的汽车被武装强盗拦住了。您把钱、身份证、手枪、汽车都给了他们,于是您摆脱了这次幸遇。这显然是一种妥协。

"Do ut des"①("我给"你钱、武器、汽车,"是为了你给"我机会安全脱险)。但是很难找到一个没有发疯的人会说这种妥协"在原则上是不能容许的",或者说实行这种妥协的人是强盗的同谋者(虽然强盗坐上汽车又可以利用它和武器再去打劫)。我们同德帝国主义强盗的妥协正是这样一种妥协。

而俄国的孟什维克和社会革命党人,德国的谢德曼派(考茨基派在很大程度上也是这样),奥地利的奥托·鲍威尔和弗里德里希·阿德勒(更不用说伦纳之流的先生们了),法国的列诺得尔和龙格之流,英国的费边派、"独立党人"、"工党分子"("拉布分子"21)等,在1914—1918年间以及1918—1920年间,同他们本国的资产阶级强盗,有时甚至同"盟国的"资产阶级强盗实行**妥协**,反对本国的革命无产阶级,所有这班先生才真是**强盗的同谋者**。

结论很清楚:"原则上"反对妥协,不论什么妥协都一概加以反对,这简直是难于当真对待的孩子气。一个政治家要想有益于革命无产阶级,正是应当善于辨别出那种不能容许的、蕴涵着机会主义和**叛卖行为**的**具体的**妥协,并善于对**这种具体的**妥协全力展开批判,猛烈地进行无情的揭露和不调和的斗争,决不容许那班老于世故的"专讲实利的"社会党人和老奸巨猾的议员用泛谈"一般的妥协"来推卸和逃避责任。英国工联以及费边社和"独立"工党的"领袖"先生们,正是这样来推卸**他们实行叛卖所应负的**责任,推卸他们实行**那种确实意味着最恶劣的机会主义、变节和叛卖的**妥协所应负的责任。

---

① 拉丁文,意为:"我给(你)是为了你给(我)。"——编者注

有各种各样的妥协。应当善于分析每一个妥协或每一种妥协的环境和具体条件。应当学习区分这样的两种人:一种人把钱和武器交给强盗,为的是要减少强盗所能加于的祸害和便于后来捕获、枪毙强盗;另一种人把钱和武器交给强盗,为的是要入伙分赃。这在政治上决不总是像这个极其简单的例子那样容易分辨。但如果有人异想天开,要替工人们打一张包票,能包治百病,或者能保证在革命无产阶级的政治活动中不会遇到任何困难和任何错综复杂的情况,那他简直就是一个江湖骗子。

为了不给人留下曲解的余地,我想把一些基本情况提出来(即使是十分简要地),以便对具体的妥协进行分析。

通过签订布列斯特和约而同德帝国主义者实行妥协的党,从1914年底起就以行动履行自己的国际主义。它敢于提出使沙皇君主政府失败的主张,敢于痛斥在两伙帝国主义强盗的战争中"保卫祖国"。这个党的议会代表,宁愿流放到西伯利亚,也不愿走可以登上资产阶级政府大臣宝座的道路。革命在推翻了沙皇政府和建立了民主共和国以后,又使这个党受到了新的、极大的考验:它不同"本国的"帝国主义者实行任何妥协,而是作了推翻他们的准备,并且果真把他们推翻了。这个党取得政权以后,便彻底摧毁了地主和资本家的所有制。这个党一面公布和废除了帝国主义者缔结的秘密条约,一面向**各国**人民建议媾和,只是在英、法帝国主义者破坏了媾和而布尔什维克为加快德国和其他国家的革命已经做了力所能及的一切以后,它才屈服于布列斯特强盗的暴力。大家都愈来愈清楚地看到,这样的党在这样的情况下实行这样的妥协是完完全全正确的。

俄国孟什维克和社会革命党人(同1914—1920年间世界上

第二国际的一切领袖一样），一开始就实行叛卖，直接间接地为"保卫祖国"即保卫**本国的**资产阶级强盗辩护。后来他们又进一步实行叛卖，同**本国的**资产阶级联合，同**本国的**资产阶级一起来反对本国的革命无产阶级。他们在俄国起初同克伦斯基和立宪民主党人[22]结成同盟，后来又同高尔察克和邓尼金结成同盟，正如他们国外的同道者同**各自**国家的资产阶级结成同盟一样，都是倒向资产阶级一边反对无产阶级。**他们同帝国主义强盗的妥协，自始至终都表明他们已沦为帝国主义强盗的同谋者。**

五
德国"左派"共产党人。
领袖、政党、阶级、群众间的相互关系

我们现在所要讲的那些德国共产党人，他们不是把自己叫做"左派"，而是叫做——如果我没有记错的话——"原则上的反对派"[23]。但是他们却完全具有"左派幼稚病"的症候，这从下面的阐述中可以清楚地看出。

有一本持这个反对派观点的小册子，叫做《德国共产党（斯巴达克联盟）的分裂》，是由"美因河畔法兰克福地方组织"出版的；这本小册子把这一反对派的观点的实质，叙述得极其鲜明、确切、清楚、扼要。我们只要从中引证几段，就足以使读者了解这一实质了。

"共产党是进行最坚决的阶级斗争的政党……"

"……从政治方面来看，这个过渡时期〈在资本主义和社会主义之间〉就是无产阶级专政时期……"

"……现在发生这样一个问题:谁应当是专政的执行者,**是共产党,还是无产阶级**?…… 原则上应该力求实现的是共产党的专政,还是无产阶级的专政?……"

(引文内的着重标记全录自原文。)

往下小册子的作者责难德国共产党"中央",说这个"中央"在寻求和**德国独立社会民主党结成联盟**的途径,说这个"中央"提出**"原则上承认"**斗争的**"一切政治手段"**(包括参加议会活动)**"的问题"**,只是为了掩饰它想同独立党人结成联盟这一真正的和主要的意图。小册子接着说道:

"反对派选择了另一条道路。它认为共产党的统治和党的专政问题只是一个策略问题。不管怎样,共产党的统治是一切政党统治的最后形式。**原则上应该力求实现无产阶级的专政**。党的一切措施、党的组织、党的斗争形式、党的战略和策略,都应该适应这一目的。因此,凡是同其他政党妥协,凡是回头再去采用在历史上和政治上已经过时的议会制斗争形式,凡是实行机动和通融的政策,都应当十分坚决地拒绝。""无产阶级所特有的革命斗争方法应该大力加以强调。为了把那些应当参加共产党领导的革命斗争的无产阶级各行业各阶层的最广大群众吸收进来,就必须在最广泛的基础上和最广大的范围内建立新的组织形式。这种汇集一切革命分子的场所,便是以工厂组织为基础而建立起来的**工人联合会**。凡是响应'退出工会!'这一口号的工人,都应当联合在这里。在这里,正在斗争的无产阶级组成最广大的战斗队伍。凡承认阶级斗争、苏维埃制度和专政的人,都可以加入。至于进一步对正在斗争的群众进行政治教育和在斗争中进行政治指导,则是站在工人联合会之外的共产党的任务……"

"……于是,现在有两个共产党彼此对立着:

一个是领袖的党,它力图从上面来组织和指挥革命斗争,不惜实行妥协和参加议会活动,以便造成一种形势,使他们可以参加掌握专政大权的联合政府。

另一个是群众的党,它等待革命斗争从下面高涨起来,为了进行这一斗争,它只知道并且只采用一个明确地引向目的的方法,而排斥任何议会方法和机会主义方法;这个唯一的方法就是无条件地**推翻资产阶级**,以便随后建立无产阶级的阶级专政来实现社会主义……"

"……那里是领袖专政,这里是群众专政!这便是我们的口号。"

这就是表明德国共产党内反对派观点的最重要的论点。

凡是自觉参加过或仔细观察过 1903 年以来布尔什维主义发展过程的布尔什维克,读了这些议论,一定会立刻说:"这是多么熟悉的陈词滥调!这是多么'左的'孩子气!"

不过,我们还是来进一步考察一下这些议论吧。

"是党专政**还是**阶级专政?是领袖专政(领袖的党)**还是**群众专政(群众的党)?"——单是问题的这种提法就已经证明思想混乱到了不可思议的无可救药的地步。这些人竭力要**标新立异**,结果却弄巧成拙。谁都知道,群众是划分为阶级的;只有把不按照生产的社会结构中的地位区分的大多数同在生产的社会结构中占有特殊地位的集团对立时,才可以把群众和阶级对立起来;在通常情况下,在多数场合,至少在现代的文明国家内,阶级是由政党来领导的;政党通常是由最有威信、最有影响、最有经验、被选出担任最重要职务而称为领袖的人们所组成的比较稳定的集团来主持的。这都是起码的常识。这都是简单明了的道理。何必再另来一套胡说八道,另造一套新奇的沃拉皮尤克[24]呢?一方面,大概是由于党的合法状态和不合法状态的迅速更替破坏了领袖、政党和阶级之间那种通常的、正常的和简单的关系,人们面对这种难于理解的情况,思想便发生了混乱。在德国,也像在欧洲其他国家那样,人们过分习惯于合法状态,习惯于由政党定期举行的代表大会自由地正常地选举"领袖",习惯于通过议会选举、群众大会、报章杂志,通过工会和其他团体的情绪变化等方便办法来检验各政党的阶级成分。但是,由于革命的急剧发展和内战的展开,不得不放弃这种通常的办法,而迅速转为交替使用合法的和不合法的方式,结合使用这两种方式,采用"不方便的"和"非民主的"方法来推选或组成或保留"领导集团",在这个时候,人们不知所措,开始臆想出一些荒谬绝伦的东西。大概荷兰共产党某些党员由于不幸生在一个具有特别优越和特别稳定的合法状态的传统和条件的小国,根本没有见过合法状态和不合法状态的相互更替,因此思想上发生了混乱而不知所措,助长了这种荒谬的臆想。

另一方面,很明显,这不过是未经很好考虑就胡乱使用"群众"和"领袖"这类当今"时髦"的字眼而已。这些人时常听到并切实学会了怎样攻击"领袖",怎样把"领袖"同"群众"对立起来;但是他们却不能想一想究竟是怎么回事,不能把事情弄清楚。

在帝国主义战争末期和战后时期,在一切国家里,"领袖"和"群众"的分离表现得特别明显而突出。产生这种现象的基本原因,马克思和恩格斯在1852—1892年间曾以英国为例作过多次说明。① 英国的垄断地位使"群众"分化出一部分半市侩的机会主义的"工人贵族"。这种工人贵族的领袖们总是投靠资产阶级,直接间接地受资产阶级豢养。马克思所以光荣地被这班坏蛋痛恨,就是因为他公开地斥责他们是叛徒。现代(20世纪的)帝国主义造

---

① 参看《马克思恩格斯全集》中文第 1 版第 18 卷第 724 页,第 22 卷第 320—325 页,第 28 卷第 146 页,第 33 卷第 521、526、637 页,第 35 卷第 18 页;《马克思恩格斯选集》第 3 版第 1 卷第 73—80 页,第 4 卷第 434、548—549 页;《马克思恩格斯文集》第 10 卷第 575—577 页。——编者注

成了某些先进国家的垄断特权地位,正是在这个基础上,第二国际中纷纷出现了叛徒领袖、机会主义者、社会沙文主义者这样一种人,他们只顾自己这个行会的利益,只顾自己这个工人贵族阶层的利益。于是机会主义的政党就脱离了"群众",即脱离了最广大的劳动阶层,脱离了大多数劳动者,脱离了工资最低的工人。不同这种祸害作斗争,不揭露这些机会主义的、背叛社会主义的领袖,使他们大丢其丑,并且把他们驱逐出去,革命无产阶级就不可能取得胜利;第三国际所实行的正是这样的政策。

为此竟把群众专政和领袖专政**根本**对立起来,实在是荒唐和愚蠢得可笑。尤其可笑的是,人们在"打倒领袖"这一口号掩饰下,实际上竟把一些胡说八道、满口谬论的**新领袖**拉出来代替那些对普通事物还能持常人见解的老领袖。德国的劳芬贝格、沃尔弗海姆、霍纳、卡尔·施勒德尔、弗里德里希·文德尔、卡尔·埃勒,就是这样的新领袖。① 埃勒企图使问题"深入一步",他宣称政党是根本不需要的,是"资产阶级性"的,这真是荒谬绝顶,简直使人

---

① 《共产主义工人报》**25**(1920 年 2 月 7 日汉堡出版的该报第 32 号所载**卡尔·埃勒**《论解散政党》一文)上说:"工人阶级不消灭资产阶级民主,就不能摧毁资产阶级国家,而不摧毁政党,它就不能消灭资产阶级民主。"

　　罗曼语国家的工团主义者和无政府主义者中间头脑最糊涂的人物可以"心满意足"了,因为那些显然以马克思主义者自居的庄重的德国人(卡·埃勒和克·霍纳通过在上述报纸上发表的文章特别庄重地证明,他们认为自己是庄重的马克思主义者,可是同时他们又极其可笑地说出一些荒谬绝伦的话,暴露出他们连马克思主义的起码知识都没有),竟也发表出这种极不恰当的议论。只承认马克思主义还不能保证不犯错误。这一点俄国人特别清楚,因为马克思主义在我国曾特别经常地成为"时髦的东西"。

啼笑皆非。如果坚持错误,深入一步地来为错误辩护,把错误"坚持到底",那就往往真要把小错铸成骇人听闻的大错了。

否定政党和党的纪律,——这就是反对派**得到的结果**。而这就等于完全解除无产阶级的武装而**有利于资产阶级**。这也恰恰就是小资产阶级的散漫、动摇、不能坚持、不能团结、不能步调一致,而这些一旦得到纵容,就必然断送无产阶级的任何革命运动。从共产主义的观点看来,否定政党就意味着从资本主义崩溃的前夜(在德国)跳到共产主义的最高阶段而不是进到它的低级阶段和中级阶段。我们在俄国(推翻资产阶级后的第三年)还刚处在从资本主义向社会主义即向共产主义低级阶段过渡的最初阶段。阶级还存在,而且在任何地方,**在无产阶级夺取政权之后**都还要存在**好多年**。也许,在没有农民(但仍然有小业主!)的英国,这个时期可能会短一些。消灭阶级不仅意味着要驱逐地主和资本家,——这个我们已经比较容易地做到了——而且意味着要**消灭小商品生产者**,可是这种人**不能驱逐**,不能镇压,**必须**同他们和睦相处;可以(而且必须)改造他们,重新教育他们,这只有通过很长期、很缓慢、很谨慎的组织工作才能做到。他们用小资产阶级的自发势力从各方面来包围无产阶级,浸染无产阶级,腐蚀无产阶级,经常使小资产阶级的懦弱性、涣散性、个人主义以及由狂热转为灰心等旧病在无产阶级内部复发起来。要抵制这一切,要使无产阶级能够正确地、有效地、胜利地发挥自己的**组织作用**(而这正是它的**主要作用**),无产阶级政党的内部就必须实行极严格的集中和极严格的纪律。无产阶级专政是对旧社会的势力和传统进行的顽强斗争,流血的和不流血的,暴力的和和平的,军事的和经济的,教育的和行政的斗争。千百万人的习惯势力是最可怕的势力。没有铁一般的在斗争中锻炼出来的党,没有为本阶级一切正直的人们所信赖的党,没有善于考察群众情绪和影响群众情绪的党,要顺利地进行这种斗争是不可能的。战胜集中的大资产阶级,要比"战胜"千百万小业主容易千百倍;而这些小业主用他们日常的、琐碎的、看不见摸不着的腐蚀活动制造着资产阶级所需要的,使资产阶级得以**复辟的那种**恶果。谁哪怕是把无产阶级政党的铁的纪律稍微削弱一点(特别是在无产阶级专政时期),那他事实上就是在帮助资产阶级来反对无产阶级。

　　除了领袖、政党、阶级、群众间的相互关系问题外,还必须提出"反动"工会的问题。但是先让我根据我们党的经验讲几句话来结束前一问题。在我们党内,对于"领袖专政"的攻击**是一直都有的**。我记得这样的攻击最早是在 1895 年,那时党还没有正式成立,但是彼得堡的中心小组[26]已经开始形成,并且就要负起领导该城各区小组的责任。在我们党的第九次代表大会[27](1920 年 4 月)上,有一个小小的反对派,也声言反对"领袖专政",反对"寡头政治"等等。所以德国"左派共产党人"的"幼稚病"是毫不足怪的,既没有什么新东西,也没有什么可怕的地方。这种病没有什么危险,一经治愈,机体甚至会更加强壮。另一方面,合法工作和不合法工作的迅速更替,正是要求我们特别要把总指挥部,把领袖们"藏起来",隐蔽起来,这有时就使我们党内产生十分危险的现象。最糟糕的就是 1912 年奸细马林诺夫斯基混进了布尔什维克中央委员会。他断送了几十个上百个极优秀极忠实的同志,使他们去服苦役,并使其中许多人过早去世。他所以没有能够造成更大的祸害,是因为我们的合法工作和不合法工作配合得正确。为了取得我们的信任,马林诺夫斯基作为党中央委员和杜马代表,曾不得不帮助我们创办合法的日报,这些日报即使在沙皇制度下也能进行反对孟什维克机会主义的斗争,并且能采用适当的隐蔽方式宣传布尔什维主义的原理。马林诺夫斯基一只手把几十个上百个极优秀的布尔什维克活动家送去服苦役,使他们丧生,另一只手又不得不通过合法报刊来帮助培养成千上万个新的布尔什维克。对于这个事实,那些必须学会在反动工会里进行革命工作的德国同志(以及英国、美国、法国、意大利的同志),不妨好好地考虑一下。①

在许多国家里,包括最先进的国家在内,资产阶级无疑正在派遣而且今后还会派遣奸细到共产党里来。对付这种危险,办法之一就是把不合法的工作同合法的工作巧妙地结合起来。

六
革命家应当不应当
在反动工会里做工作?

德国"左派"认为对这个问题无疑应当作绝对否定的回答。

---

① 马林诺夫斯基后来在德国被俘。他在布尔什维克掌握政权时回到俄国,立即被送交法庭审判,由我们的工人枪决了。孟什维克特别恶毒地攻击我们竟让一个奸细混进了我们党中央的这个错误。可是当我们在克伦斯基执政时期要求逮捕杜马主席罗将柯并且将他提交法庭审判(因为他在战前就知道马林诺夫斯基的奸细活动,却**没有**把这事**告知**杜马中的劳动派**28**和工人)时,同克伦斯基一起执政的孟什维克和社会革命党人都没有支持我们的要求,因此罗将柯得以逍遥法外,自由自在地投奔邓尼金去了。

他们以为只要对"反动的"和"反革命的"工会慷慨陈词,怒气冲冲地叫嚷一番(克·霍纳在这方面干得特别"庄重",也特别笨拙),就足以"证明",革命家、共产党人不需要甚至不容许在黄色的、社会沙文主义的、妥协主义的、列金派的、反革命的工会里做工作。

不管德国"左派"怎样确信这种策略是革命的,但实际上这种策略是根本错误的,它只是几句空话,毫无内容。

为了说明这一点,我根据本文总的意图,先从我国的经验说起,因为本文的目的就是要把布尔什维主义历史上和当今策略上普遍适用的、具有普遍意义和必须普遍遵循的原则应用到西欧去。

领袖、政党、阶级、群众间的相互关系,以及无产阶级专政和无产阶级政党同工会的关系,现时在我国具体表现如下。专政是由组织在苏维埃中的无产阶级实现的,而无产阶级是由布尔什维克共产党领导的。根据最近一次党的代表大会(1920年4月)的统计,我们党有党员611 000人。无论十月革命前还是十月革命后,党员人数的起伏都很大;以前,甚至在1918年和1919年,党员人数比现在少得多。[29]我们担心党过分扩大,因为那些只配枪毙的野心家、骗子手一定会想方设法钻进执政党里来。最近一次我们敞开党的大门(仅仅是对工农),是在1919年冬尤登尼奇离彼得格勒只有几俄里、而邓尼金攻占了奥廖尔(距莫斯科约350俄里)的时候,也就是苏维埃共和国危在旦夕的时候,这时候冒险家、野心家和骗子手以及一切不坚定的人,决不可能指望靠加入共产党飞黄腾达(倒可能预料到会因此上绞架或受拷打)。[30]我们党每年召开一次代表大会(最近一次代表大会,每1 000个党员选代表1人参加),由大会选出19人组成中央委员会领导全党,而且在莫斯科主持日常工作的则是更小的集体,即由中央全会选出的所谓

"组织局"和"政治局",各由 5 名中央委员组成。这样一来,就成为最地道的"寡头政治"了。我们共和国的任何一个国家机关没有党中央的指示,都不得决定任何一个重大的政治问题或组织问题。

党直接依靠**工会**来进行自己的工作。根据最近一次工会代表大会(1920 年 4 月召开)的统计,现有会员已经超过 400 万。工会形式上是一种**非党的**组织,而实际上大多数工会的领导机构,首先当然是全俄总工会的中央机构或常务机构(全俄工会中央理事会),都由共产党员组成,执行党的一切指示。总之,这是一个形式上非共产党的、灵活而较为广泛的、极为强大的无产阶级机构。党就是通过这个机构同**本阶级**和**群众**保持密切联系的;**阶级专政**就是通过这个机构在党的领导下实现的。如果没有同工会的极密切的联系,没有工会的热烈支持,没有工会不仅在经济建设方面,**而且在军事**建设**方面**奋不顾身的工作,那么别说我们能管理国家和实行专政两年半,就是两个半月也不成。自然,要建立这种极密切的联系,实际上就要进行很复杂的各种各样的工作:进行宣传和鼓动,及时地和经常地与工会领导者以至一切有影响的工会工作者举行会议,还要跟孟什维克作坚决的斗争,因为孟什维克直到现在还有一些信徒(虽然人数不多),直到现在还在教唆他们进行各种反革命勾当,从在思想上维护(**资产阶级**)民主,鼓吹工会"独立"(不受无产阶级国家政权约束而独立!),直到暗中破坏无产阶级纪律,如此等等。

我们认为通过工会来联系"群众"还是不够的。在我们的革命进程中,实践创造了一种机构,这就是**非党工农代表会议**[31],我们正在全力支持、发展和推广这种机构,以便考察群众的情绪,接近群众,答复群众的要求,从群众当中提拔优秀的人才来担任公职等等。最近颁布的关于把国家监察人民委员部改组为"工农检查院"的法令中,有一项法令就授权这种非党的代表会议选出国家监察委员来担任各种检查工作等等。

其次,党的全部工作当然都是通过不分职业而把劳动群众团结在一起的苏维埃来进行的。县苏维埃代表大会这种**民主**机构,就是在资产阶级世界最好的民主共和国里也是前所未见的;通过这种代表大会(党对这种代表大会极为关注),以及通过经常把觉悟工人派往乡村担任各项职务的办法,来实现无产阶级对农民的领导作用,实现城市无产阶级的专政,即对富有的、资产阶级的、进行剥削和投机的农民展开经常的斗争等等。

"从上面"来看,从实现专政的实践来看,无产阶级国家政权总的结构就是这样。相信读者一定会明白,为什么在俄国布尔什维克看来,在熟悉这种结构、观察过它是怎样在 25 年内从一些不合法的地下小组发展起来的布尔什维克看来,什么"从上面"**还是**"从下面",什么领袖专政**还是**群众专政等等议论不能不是一派幼稚可笑的胡说,犹如争辩究竟是左脚还是右手对人更有用处一样。

至于德国左派谈论什么共产党人不能而且不应该在反动工会里工作,说什么可以放弃这种工作,说什么应该退出工会,必须另外创立一种崭新的、极纯的、由极其可爱的(也许大部分是极其年轻的)共产党人臆想出来的"工人联合会"等等,这种煞有介事的、非常深奥的和极端革命的论调,在我们看来也不能不是一派同样幼稚可笑的胡说。

资本主义必然遗留给社会主义的,一方面是工人中间旧有的、长期形成的工种和行当的差异;另一方面是各工种的工会,它们只有十分缓慢地、经过许多年才能发展成为而且一定会发展成为规模较广而行会气味较少的产业工会(包括整个生产部门,而不仅是包括同行、同工种、同行当),然后经过这种产业工会,进而消灭人与人之间的分工,教育、训练和培养出**全面发展的**和受到**全面训练的人**,即**会做一切工作**的人。共产主义正在向这个目标前进,必须向这个目标前进,并且**一定能达到**这个目标,不过需要经过许多岁月。如果目前就企图提前实现将来共产主义充分发展、完全巩固和形成、完全展开和成熟的时候才能实现的东西,这无异于叫四岁的小孩去学高等数学。

我们可以(而且必须)利用资本主义遗留下来的人才,而不是利用虚构的和我们特别造就的人才来着手建设社会主义。这当然是很"困难的",不过,想用其他任何办法来完成这项任务都是异想天开,简直不值一提。

在资本主义发展初期,建立工会是工人阶级的一大进步,使工人由散漫无助的状态过渡到了**初步的**阶级联合。当无产者的阶级联合的**最高形式**,即**无产阶级的革命政党**(要是这个党不学会把领袖和阶级、领袖和群众结成一个整体,结成一个不可分离的整体,它便不配拥有这种称号)开始成长的时候,工会就不可避免地暴露出**某些**反动色彩,如某种行会的狭隘性,某种不问政治的倾向以及某些因循守旧的积习等等。但是除了通过工会,通过工会同工人阶级政党的协同动作,无产阶级在世界上任何地方从来没有而且也不能有别的发展道路。无产阶级夺取政权是无产阶级这个阶级向前迈出的一大步,这时候党更需要用新的方法而不单纯靠旧有的方法去对工会进行教育和领导,同时不应当忘记,工会现在仍然是、将来在一个长时期内也还会是一所必要的"共产主义学校"和无产者实现其专政的预备学校,是促使国家整个经济的管理职能逐渐转到工人**阶级**(而不是某个行业的工人)手中,进而转到全体劳动者手中所必要的工人联合组织。

上面所说的工会的**某种**"反动性",在无产阶级专政时期是**难免的**。不懂得这一点,就是完全不懂得从资本主义向社会主义**过渡**的基本条件。害怕**这种**"反动性",企图**避开**它,跳过它,是最愚蠢不过的了,因为这无异是害怕发挥无产阶级先锋队的作用,即训练、启发、教育工人阶级和农民中最落后的阶层和群众并吸引他们来参加新生活。另一方面,如果把无产阶级专政推迟到没有一个工人抱狭隘的行业观念、没有一个工人抱行会偏见和工联主义偏见的那一天才去实现,那错误就更加严重了。政治家的艺术(以及共产党人对自己任务的正确理解)就在于正确判断在什么条件下、在什么时机无产阶级先锋队可以成功地取得政权,可以在取得政权过程中和取得政权以后得到工人阶级和非无产阶级劳动群众十分广大阶层的充分支持,以及在取得政权以后,能够通过教育、训练和争取愈来愈多的劳动群众来支持、巩固和扩大自己的统治。

其次,在那些比俄国先进的国家里,毫无疑义,工会的某种反动性显得比俄国严重得多,这也是必然的。在我国,孟什维克过去在工会中所以得到支持(今天在很少数的工会中,也还得到部分支持),正是由于存在着行会的狭隘性、职业上的利己主义和机会主义。西欧的孟什维克在工会里的"地盘"巩固得多,那里形成的"**工人贵族**"阶层比我国的强大得多,他们**抱有行业的、狭隘的观念**,只顾自己,**冷酷无情,贪图私利,形同市侩,倾向于帝国主义,被帝国主义收买,被帝国主义腐蚀**。这是无可争辩的。同龚帕斯之流,同西欧的茹奥、韩德逊、梅尔黑姆、列金之流的先生们作斗争,

33

要比同我国的孟什维克作斗争困难得多。他们**完全**是**同一个**社会类型和政治类型的人。但是必须无情地进行这种斗争，必须像我们过去所做的那样把斗争进行到底，直到一切不可救药的机会主义和社会沙文主义领袖丢尽了丑，从工会中被驱逐出去为止。这种斗争没有进行到**一定的**程度，就不能夺取政权（而且也不应该去作夺取政权的尝试）。不过在不同的国家和不同的情况下，这个"一定的程度"**是不一样的**；只有每个国家的深谋远虑、经验丰富、熟悉情况的无产阶级政治领导者才能正确地估计这种程度。（顺便提一下，在 1917 年 10 月 25 日无产阶级革命后几天，即 1917 年 11 月间所举行的立宪会议选举，就是衡量我国进行这种斗争胜负的尺度。在这次选举中，孟什维克一败涂地，只获得 70 万票，加上外高加索的票数，一共只有 140 万票，而布尔什维克却获得了 900 万票。见《共产国际》杂志**32**第 7—8 期合刊上我写的《立宪会议选举和无产阶级专政》①一文。）

但是，我们同"工人贵族"作斗争，是代表工人群众进行的，是为了把工人群众争取过来；我们同机会主义和社会沙文主义的领袖们作斗争，是为了把工人阶级争取过来。如果忘记这个最浅显最明白的道理，那是愚蠢的。而德国"左派"共产党人做的正是这种蠢事，他们**由于工会上层分子**反动反革命，竟得出结论要……退出工会!! 拒绝在工会中工作!! 建立新的**臆想出来的**工人组织形式!! 这真是不可宽恕的愚蠢行为，这无异是共产党人给资产阶级帮大忙，因为我们的孟什维克正像一切机会主义的、社会沙文主义的、考茨基主义的工会领袖那样，无非都是"资产阶级在工人运动

---

① 见《列宁全集》中文第 2 版第 38 卷第 1—25 页。——编者注

中的代理人"(我们一向都是这样称呼孟什维克的),或者,按美国丹尼尔·德莱昂派使用的一个绝妙的极其中肯的说法,是"资本家阶级的工人帮办"(labor lieutenants of the capitalist class)。不在反动工会里工作,就等于抛开那些还不够十分成熟的或落后的工人群众,听凭他们接受反动领袖、资产阶级的代理人、工人贵族或"资产阶级化了的工人"(参看恩格斯1858年写给马克思的论英国工人的信①)的影响。

　　正是这种主张共产党人不参加反动工会的荒谬"理论"最清楚不过地说明,这些"左派"共产党人在对待影响"群众"的问题上所采取的态度是多么轻率,说明他们在高喊"群众"时是如何滥用这个字眼的。要想善于帮助"群众",赢得"群众"的同情、爱戴和支持,就必须不怕困难,不怕那些"领袖"对我们进行挑剔、捣乱、侮辱和迫害(这些机会主义者和社会沙文主义者多半都直接或间接地同资产阶级和警察有勾结),**哪里有群众**,就一定**到哪里去工作**。应该善于作出一切牺牲,克服极大的障碍,在一切有无产阶级群众或半无产阶级群众的机关、社团和协会(哪怕这些组织是最反动不过的)里有步骤地、顽强地、坚定地、耐心地进行宣传和鼓动。而工会和工人合作社,恰恰就是(后者至少有时是)这种有群众的组织。据瑞典《人民政治日报》**33**1920年3月10日所刊登的材料,英国工联会员,从1917年底到1918年底,已经由550万人增加到660万人,即增加了19%。1919年底,已达750万人。我手头没法、德两国的有关材料,但是证明这两国工会会员也有大量增加的事实,是丝毫不容置疑的,是人所共知的。

────────────

① 参看《马克思恩格斯选集》第3版第4卷第434页。——编者注

这些事实同其他千百件事实一样,也最清楚不过地证明,正好是无产阶级群众、"下层"群众、落后群众的觉悟程度正在提高,要求组织起来的愿望日益迫切。当英、法、德各国的几百万工人**第一次**摆脱完全无组织的状态,进入初步的、低级的、最简单的、最容易接受的(对那些满脑子资产阶级民主偏见的人说来)组织形式即工会的时候,那班虽然革命但不明智的左派共产党人却站在一旁,空喊"群众","群众"!并且**拒绝在工会内部进行工作**!!借口工会的"反动性"而拒绝去工作!!臆想出一种崭新的、纯洁的以及没有沾染资产阶级民主偏见、没有行会习气和狭隘行业观念的"工人联合会",一种将会(将会!)具有广泛性而只要(只要!)"承认苏维埃制度和专政"(见前面引文)就可以加入的"工人联合会"!!

很难想象谁还会比"左派"革命家更不明智,给革命带来更大的危害!即使现时在俄国,在我们对本国和协约国的资产阶级取得空前胜利的两年半之后的今天,如果我们提出"承认专政"作为加入工会的条件,那我们也是在做蠢事,破坏自己对群众的影响,帮助孟什维克。这是因为共产党人的全部任务,就是要善于**说服**落后分子,善于**在**他们**中间**进行工作,而不是臆想出一些幼稚的"左的"口号,**把自己同他们隔离开来**。

毫无疑义,龚帕斯、韩德逊、茹奥、列金之流的先生们是非常感谢这样一些"左派"革命家的,因为后者像德国的"原则上的"反对派(上帝保佑我们摆脱这种"原则性"吧!)或美国的"世界产业工人联合会"[34]的某些革命者一样,鼓吹退出反动工会,拒绝在那里进行工作。毫无疑义,机会主义的"领袖"先生们一定会使用各种资产阶级的外交手腕,借助资产阶级政府、神父、警察和法庭的力量,来阻止共产党人进入工会,千方百计地把他们从工会中排挤出去,尽量使他们在工会中工作不顺心,并且对他们进行侮辱、攻击和迫害。我们应当善于对付这一切,不怕任何牺牲,必要时甚至可以采用各种巧妙的计谋和不合法的手段,可以保持缄默,掩饰真情,只求打入工会,留在工会里,想尽方法在那里进行共产主义工作。在沙皇制度下,1905年以前,我们不曾有过任何"合法机会",但是当暗探祖巴托夫为了追捕革命者、同革命者进行斗争而召开黑帮工人会议、组织黑帮工人团体时,我们就派遣我们的党员到这种会议上和团体中去(我个人还记得其中有彼得堡的优秀工人巴布什金同志,他在1906年被沙皇的将军们枪杀了),同群众建立联系,巧妙地进行鼓动,使工人不致受祖巴托夫分子①的影响。当然,在西欧,由于合法偏见、立宪偏见和资产阶级民主偏见根深蒂固,进行这种工作要更为困难。但是这种工作能够进行而且必须进行,并且要经常不断地去进行。

我个人认为,第三国际执行委员会应当公开谴责并建议共产国际下次代表大会也来谴责不参加反动工会的政策(详细说明这种不参加反动工会的政策是不明智的,是对无产阶级革命事业有极大害处的),还要谴责荷兰共产党的某些党员支持(不管是直接或间接地、公开或隐蔽地、完全或部分地支持,都是一样)这种错误政策的行动路线。第三国际应当同第二国际的策略决裂,对于难以解决的迫切问题不应回避、掩盖,而要直截了当地提出来。我们已经把全

---

① 龚帕斯、韩德逊、茹奥、列金之流,也就是祖巴托夫式的人物,他们和我国的祖巴托夫所不同的只是穿着欧洲的服装,具有欧洲的风度,在推行自己的无耻政策时采用一些文明、精巧和民主的粉饰手段。

部真理公开地告诉了"独立党人"(德国独立社会民主党)①,我们也应当把全部真理公开地告诉"左派"共产党人。

七
参加不参加资产阶级议会?

德国"左派"共产党人以极端鄙视又极端轻率的态度对这个问题作了否定的回答。他们的论据是什么呢?我们在前面的引文中已经看到:

"……凡是回头再去采用在历史上和政治上已经过时的议会制斗争形式……都应当十分坚决地拒绝。"

这话说得狂妄到了可笑的地步,而且显然是错误的。"回头再去采用"议会制!莫非在德国已经建立了苏维埃共和国?恐怕还没有吧!那么,怎么说得上"回头再去采用"呢?难道这不是一句空话吗?

议会制"在历史上已经过时了"。就宣传意义上来说,这是对的。但是谁都知道,从宣传到**实际**战胜议会制,还相距很远。早在几十年前,就可以而且完全有理由宣布资本主义"在历史上已经过时了",但是决不能因此就说不必要**在资本主义基地上**进行很长期很顽强的斗争。就**世界历史**来说,议会制"在历史上已经过

---

① 见《列宁全集》中文第 2 版第 38 卷第 61—68 页。——编者注

时了"，这就是说，资产阶级议会制**时代**已经告终，无产阶级专政**时代已经开始**。这是毫无疑义的。但是世界历史的尺度是以数十年为单位来衡量的。早10—20年或迟10—20年，这用世界历史的尺度来衡量，是算不得什么的，这从世界历史的角度来看，是微不足道的，甚至是无法大致估计在内的。正因为如此，拿世界历史的尺度来衡量实际政策问题，便是绝对不能容忍的理论错误。

议会制"在政治上已经过时了"吗？这是另外一回事。如果真是如此，那么"左派"的立场就是稳固的了。不过，这需要十分严肃认真的分析来加以证明，而"左派"连这样做的门径都还摸不着。在《共产国际驻阿姆斯特丹临时办事处公报》第 1 期（《Bulletin of the Provisional Bureau in Amsterdam of the Communist International》，1920 年 2 月）上登载了一篇《关于议会活动的提纲》，这篇提纲显然是反映了荷兰左派或左派荷兰人的意向，其中的分析也是十分拙劣的，这一点，我们在下面就可以看到。

第一，大家知道，同罗莎·卢森堡和卡尔·李卜克内西这样一些卓越的政治领导者的见解相反，德国"左派"早在 1919 年 1 月就认为议会制"在政治上已经过时了"。大家知道，"左派"是错了。单单这一点就立刻从根本上推翻了议会制"在政治上已经过时了"的论断。"左派"应该证明，为什么他们那时的不容争辩的错误，现在却不成其为错误了。他们没有拿出也不可能拿出丝毫的证据来。一个政党对自己的错误所抱的态度，是衡量这个党是否郑重，是否**真正**履行它对本**阶级**和劳动**群众**所负义务的一个最重要最可靠的尺度。公开承认错误，揭露犯错误的原因，分析产生错误的环境，仔细讨论改正错误的方法——这才是一个郑重的党的标志，这才是党履行自己的义务，这才是教育和训练**阶级**，进而又教育和训练**群众**。德国的（以及荷兰的）"左派"没有履行自己的这一义务，没有极仔细地认真地严肃地研究自己明显的错误，这恰恰证明他们不是**阶级的党**，而是一个小组，不是**群众的党**，而是知识分子和沾染了知识分子恶习的少数工人的一个小团体。

第二，在"左派"的法兰克福组织出版的同一本小册子里，除了上面详细摘引的言论之外，我们还可以读到：

"……数百万的仍旧跟着中央党³⁵〈天主教"中央"党〉政策走的工人是反革命的。农村无产者正在提供众多的反革命军队。"（上述小册子第3页）

这些话显然说得太随便、太夸大了。但是这里所叙述的基本事实却是不容争辩的；"左派"既然承认这个事实，便特别明显地证实了他们的错误。既然"数百万的"和"众多的"**无产者**，不仅仍旧赞成议会制，而且简直是"反革命的"，那怎么能说"议会制在政治上已经过时了"呢!? 显然在德国，议会制在政治上**还没有**过时。显然是德国"左派"把**自己的愿望**，把自己思想上政治上的态度，当做了客观现实。这对革命家是最危险的错误。在俄国，沙皇制度的压迫异常野蛮、异常残暴，从而在一个特别长的时期里，通过多种多样的形式造就了各种派别的革命家，造就了无限忠诚、热情、英勇和坚强的革命家；在俄国，我们曾经对革命家所犯的这种错误，作过特别真切的观察、特别仔细的研究，我们对这种错误特别熟悉，所以对别人身上的这种错误也看得特别清楚。对于德国共产党人来说，议会制当然"在政治上已经过时了"，可是问题恰恰在于**不能认为对于我们**已经过时的东西，**对于阶级**、**对于群众**也已经过时。正是在这一点上我们又一次看到，"左派"不善于作为**阶级**的党、作为**群众**的党来判断事理，处理事情。你们决不应该把自己降低到群众的水平,降低到本阶级中落后阶层的水平。这是毫无疑义的。你们应该对他们说不中听的真话。你们应该把他们的资产阶级民主偏见和议会制偏见叫做偏见。但是同时你们也应该**清醒地**注意到正是整个阶级的(而不仅是它的共产主义先锋队的)、正是全体劳动**群众**的(而不仅是他们的先进分子的)觉悟和准备的**实际**状况。

即使不是"数百万的"和"众多的",而是只有相当数量的**少数**产业工人跟着天主教神父走,只有相当数量的**少数**农业工人跟着地主和富农(Großbauern)走,那么根据这一点也可以**毫无疑义地**得出结论说,在德国,议会制在政治上**还没有**过时,革命无产阶级的政党**必须**参加议会选举,参加议会讲坛上的斗争,其目的**正是**在于教育**本阶级**的落后阶层,正是在于唤醒和启发水平不高的、备受压抑的和愚昧无知的农村**群众**。当你们还无力解散资产阶级议会以及其他类型的任何反动机构的时候,你们就**应该**在这些机构内部工作,**正是**因为在那里还有受神父愚弄的、因身处穷乡僻壤而闭塞无知的工人;不然,你们就真有成为空谈家的危险。

第三,"左派"共产党人说了许许多多称赞我们布尔什维克的好话。有时我不禁要说:你们还是少称赞我们几句,多研究研究布尔什维克的策略,多熟悉熟悉这些策略吧! 1917 年 9 — 11 月间,我们参加了俄国资产阶级议会即立宪会议的选举。我们当时的策略是否正确呢? 如果是不正确的,那就**应该**明确地说出来,并且加以证明,因为这样做是国际共产主义运动制定正确策略所必需的。如果是正确的,那就应该由此作出一定的结论。当然,不能把俄国的条件和西欧的条件等量齐观。但是在专门谈"议会制在政治上已经过时了"这个概念究竟是什么意思的时候,就必须准确地估计到我国的经验，因为不估计到具体经验，这类概念就很容易流为空谈。我们俄国布尔什维克在 1917 年 9—11 月间，岂不是比西方任何一国的共产党人都**更**有理由认为议会制在俄国在政治上已经过时了吗？当然是这样，因为问题不在于资产阶级议会存在时间长短，而在于广大劳动群众对于采用苏维埃制度、解散（或容许解散）资产阶级民主议会的**准备**（思想上、政治上、实践上），达到了什么程度。至于 1917 年 9—11 月间，由于种种特殊条件，俄国的城市工人阶级、士兵和农民对于采用苏维埃制度和解散当时最民主的资产阶级议会已经有了非常充分的准备，这是**丝毫不容争辩**的、明明白白的历史事实。虽然如此，布尔什维克还是**没有**抵制立宪会议，而是在无产阶级夺取政权以前**和以后**都参加了立宪会议的选举。这次选举收到了非常可贵的（对于无产阶级极为有益的）政治效果，我想，这一点我在前面提到的那篇详尽分析俄国立宪会议选举材料的文章①中已经证明了。

由此可以得出一个丝毫不容争辩的结论：经验证明，甚至在苏维埃共和国胜利以前的几个星期里，甚至**在胜利以后**，参加资产阶级民主议会，不仅对革命无产阶级没有害处，反而会使它易于向落后群众**证明**为什么这种议会应该解散，**易于**把这种议会解散，**易于**促使资产阶级议会制"在政治上过时"。不重视这种经验，同时却希望留在必须**以国际的观点**来制定策略（不是狭隘的或片面的一国的策略，而正是国际的策略）的共产**国际**，那就是犯极大的错误，那就恰恰是口头上承认国际主义，行动上背弃国际主义。

我们现在来看看"荷兰左派"主张不参加议会的论据。下面

---

① 见《列宁全集》中文第 2 版第 38 卷第 1—25 页。——编者注

就是刚才提到的"荷兰人的"提纲中最重要的一条即第 4 条的译文（译自英文）：

"在资本主义的生产体系已经崩溃而社会已处于革命状态的时候,议会活动同群众本身的行动比较起来,便逐渐失去意义。在这种条件下,议会正在变成反革命的中心和反革命的机构,而另一方面,工人阶级正在建立自己的政权工具即苏维埃;这时候,拒绝以任何方式参加议会活动,甚至可能是必要的。"

头一句话显然就错了,因为群众的行动,例如大罢工,**任何时候**都比议会活动重要,决不是仅仅在革命时期或在革命形势下才如此。这种显然站不住脚的、从历史上和政治上来看都是错误的论据,只是特别清楚地表明,提纲作者们既绝对没有考虑到全欧洲的经验（法国 1848 年、1870 年革命前的经验,德国 1878—1890 年的经验等等）,也绝对没有考虑到俄国的经验（见上面）,没有考虑到把合法斗争和不合法斗争**配合起来**的重要性。这个问题,一般说来,或是就特定的情况说来,都具有极其重大的意义,因为在**一切**文明的先进的国家内,由于无产阶级和资产阶级之间的国内战争日益成熟和逼近,由于百般侵犯合法性的共和制政府以及所有资产阶级政府疯狂迫害共产党人（只要看看美国的例子就够了）,等等,革命无产阶级的政党愈来愈有必要（有些地方早已有必要）把合法斗争和不合法斗争配合起来的时刻正在迅速到来。荷兰人以至一切左派对这个极为重要的问题却根本不懂。

第二句话,首先从历史上来看就是错误的。我们布尔什维克参加过极端反革命的议会,而且经验表明:正是在俄国第一次资产阶级革命（1905 年）之后,这样做对于革命无产阶级的政党准备第二次资产阶级革命（1917 年 2 月）,以及后来准备社会主义革命（1917 年 10 月）,不但是有益的,而且是必要的。其次,这句话说

得极其不合逻辑。既然议会正在变成反革命的机构和反革命的
"中心"(附带说一句,实际上议会从来没有成为而且也不可能成
为"中心"),而工人正在创立自己的政权工具即苏维埃,那么由此
得出的结论自然是:工人必须作好准备(在思想上、政治上、技术
上作好准备),去开展苏维埃反对议会的斗争,用苏维埃去解散议
会。然而决不能由此得出结论说,**在**反革命的议会**内部**有拥护苏
维埃的反对派,会使解散议会变得困难或者变得不那么方便。当
我们胜利地进行反对邓尼金和高尔察克的斗争时,我们从来没有
认为,他们那里有拥护苏维埃的反对派即无产阶级反对派这一点,
对我们获得胜利是无关紧要的。我们十分清楚,反革命立宪会议
内部有布尔什维克这样彻底的拥护苏维埃的反对派和左派社会革
命党人这样不彻底的拥护苏维埃的反对派,这对于我们在 1918 年
1 月 5 日解散立宪会议,不是造成了困难,而是提供了方便。提纲
的作者们陷入了混乱,他们忘记了多次革命甚至是所有革命的一
条经验,而这条经验证明,在革命时期,把反动议会外的群众行动
和议会内部同情革命的(如果是直接支持革命的,那就更好)反对
派的活动**配合起来**,是特别有益的。荷兰人以至一切"左派"在这
方面的言论活像空谈革命的学理主义者,他们从来没有参加过真
正的革命,或者从来没有深入探讨过革命史,或者天真地以为主观
上"否定"某种反动机构,便算是实际上用许多客观因素合成的力
量把这种机构破坏了。使一种新的政治思想(不仅是政治思想)
声誉扫地,受到损害,最有效的方法就是以维护为名,把它弄到荒
谬绝伦的地步。这是因为任何真理,如果把它说得"过火"(如老
狄慈根所说的那样),加以夸大,把它运用到实际适用的范围之
外,便可以弄到荒谬绝伦的地步,而且在这种情形下,甚至必然会

变成荒谬绝伦的东西。荷兰和德国的左派给予苏维埃政权比资产
阶级民主议会优越这一新的真理的，正是这种熊的帮忙[36]。自然，
谁要是按照老套套笼统地说，在任何条件下都不可以拒绝参加资
产阶级议会，那也是不对的。我不想在这里来说明在哪些条件下
抵制议会才是有利的，因为本文的任务要小得多，只是结合国际共
产主义策略中的几个迫切问题来考察俄国的经验。俄国的经验告
诉我们，布尔什维克的抵制一次是成功的、正确的（1905 年），另一
次则是错误的（1906 年）。我们分析一下第一次抵制的情形，便可
以看到，那一次所以能够使反动政权召开不了反动议会，是因为当
时群众的议会外的（尤其是罢工的）革命行动正在异常迅速地发
展，无产阶级和农民中任何一个阶层都不会给反动政府以任何支
持，而革命无产阶级通过罢工斗争和土地运动保证了自己对广大
落后群众的影响。十分明显，在欧洲目前的条件下这个经验是不
适用的。根据上述理由，同样十分明显，荷兰人和"左派"为拒绝
参加议会的主张辩护（哪怕是有条件的辩护），是根本错误的，对
于革命无产阶级的事业是有害的。

　　在西欧和美国，议会已经成为工人阶级中先进革命分子深恶
痛绝的东西。这是不容争辩的。这是完全可以理解的，因为很难
想象还有什么比大多数社会党议员和社会民主党议员战时和战后
在议会中的所作所为更卑鄙无耻，更具有叛卖性了。但是，如果在
解决应当怎样去同这一公认的祸害作斗争的问题时，竟任凭这种
情绪来支配，那就不仅不明智，而且简直是犯罪了。在西欧许多国
家里出现革命情绪，目前可以说是件"新鲜事"，或者说是"稀罕
事"，人们盼望这种情绪太久、太失望、太焦急了，或许正因为这个
缘故，人们才这样容易为情绪所支配。当然，没有群众的革命情

绪,没有促使这种情绪高涨的条件,革命的策略是不能变为行动
的,但是,俄国过于长久的惨痛的血的经验,使我们确信这样一个
真理:决不能只根据革命情绪来制定革命策略。制定策略,必须清
醒而极为客观地估计到本国的(和邻国的以及一切国家的,即世
界范围内的)**一切**阶级力量,并且要估计到历次革命运动的经验。
仅仅靠咒骂议会机会主义,仅仅靠否认参加议会的必要,来显示自
己的"革命性",这是非常容易的,但是正因为太容易了,所以不是
完成困难的、极其困难的任务的办法。在欧洲各国议会里,建立真
正革命的议会党团,要比在俄国困难得多。这是不言而喻的。然
而这只是说出了全部真理的一部分,而全部真理是:俄国在 1917
年那种历史上非常独特的具体形势下,**开始**社会主义革命是容易
的,而要把革命**继续下去**,把革命进行到底,却要比欧洲各国困难。
我还在 1918 年年初就指出了这个情况,此后两年来的经验也完全
证实了这种看法是正确的。俄国当时的特殊条件是:(1)有可能
把苏维埃革命同结束(通过苏维埃革命)给工农带来重重灾难的
帝国主义战争联结起来;(2)有可能在一定时期内利用称霸世界
的两个帝国主义强盗集团之间的殊死斗争,当时这两个集团不能
联合起来反对苏维埃这个敌人;(3)有可能坚持比较长期的国内
战争,其部分原因是俄国幅员广大和交通不便;(4)当时农民中掀
起了非常深刻的资产阶级民主革命运动,无产阶级政党就接过了
农民政党(即社会革命党,他们多数党员是激烈反对布尔什维主
义的)的革命要求,并且由于无产阶级夺取了政权而立即实现了
这些要求。这些特殊条件,目前在西欧是没有的,而且重新出现这
样的或类似的条件也不是很容易的。除其他一些原因外,这也是
西欧**开始**社会主义革命比我国困难的一个原因。要想"避开"这

种困难,"跳过"利用反动议会来达到革命目的这个难关,那是十足的孩子气。你们要建立新社会吗?可是你们又害怕困难,不去在反动议会内建立一个由坚定、忠诚、英勇的共产党人组成的优秀的议会党团!难道这不是孩子气吗?德国的卡尔·李卜克内西和瑞典的塞·霍格伦甚至在得不到来自下面的群众支持的情况下,尚且能够树立以真正的革命精神利用反动议会的榜样,难道一个迅速发展着的群众性的革命政党,处在战后群众大失所望、愤怒异常的环境中,反而不能在那些最可恶的议会里**锻造出**一个共产党党团来吗?! 正因为西欧工人中的落后群众,尤其是小农中的落后群众,受资产阶级民主偏见和议会制偏见的熏染比俄国的要厉害得多,所以共产党人**只有**从资产阶级议会这种机构内部,才能(并且应该)进行长期的、顽强的、百折不挠的斗争,来揭露、消除和克服这些偏见。

德国"左派"抱怨他们党的那些"领袖"不好,因此悲观失望,以至于采取"否定""领袖"的可笑态度。然而处在常常必须把"领袖"秘密隐藏起来的条件下,要**造就**可以信赖的、久经考验的和享有威望的好"领袖"是特别困难的事情;要顺利地克服这些困难,就非把合法工作和不合法工作配合起来,**使"领袖"受到考验不可,其中包括**议会斗争的**考验**。批评,而且是最尖锐、最无情和最不调和的批评,不应该是针对议会斗争或议会活动,而应该是针对那些不善于尤其是**不愿意**以革命精神、以共产主义精神来利用议会选举和议会讲坛的领袖。只有这种批评(当然同时也要驱逐不称职的领袖,而代之以称职的领袖)才是既有益处又有实效的革命工作,才能一方面教育"领袖",使他们无愧于工人阶级和劳动群众,另一方面又教育群众,使他们学会正确地分析政治形势,了解在这种政治形势下产生出来的往往是非常错综复杂的任务。①

八
不作任何妥协吗？

我们从上面引自法兰克福出版的小册子的那段话里，已经看到"左派"何等坚决地提出"不作任何妥协"的口号。这些无疑是以马克思主义者自居并且愿意做马克思主义者的人，竟忘记了马克思主义的基本真理，这实在使人感到可悲。请看看 1874 年恩格

① 我很少有机会了解意大利"左派"共产主义者。博尔迪加同志及其"共产主义者抵制派"（Comunista astensionista）37维护不参加议会的主张无疑是不对的。可是，根据两号他主编的《苏维埃报》38（1920 年 1 月18 日和 2 月 1 日《苏维埃报》第 3 号和第 4 号）、四期塞拉蒂同志主编的出色的《共产主义》杂志39（1919 年 10 月 1 日—11 月 30 日《共产主义》杂志第 1—4 期）以及我所能读到的几份零散的意大利资产阶级报纸看来，我以为他有一点是对的。那就是说，博尔迪加同志和他那一派人对屠拉梯及其同伙的抨击是正确的，因为后者依然留在一个承认苏维埃政权和无产阶级专政的政党里，依然当议员，并继续奉行危害极大的机会主义的老政策。塞拉蒂同志和整个意大利社会党40容忍这种现象，当然是一个错误，这种错误也会像在匈牙利那样带来很大的害处和危险，匈牙利的屠拉梯之流的先生们就是从内部暗中破坏党和苏维埃政权的41。对机会主义的议员采取这种错误的、不彻底的或软弱的态度，一方面促成"左派"共产主义者的出现，另一方面又**在一定程度上**证明"左派"共产主义者的存在是对的。塞拉蒂同志指责议员屠拉梯"不彻底"（《共产主义》杂志第 3 期）显然是不对的，其实不彻底的正是意大利社会党，它容忍了屠拉梯之流这样的机会主义的议员。

斯反驳 33 个布朗基派公社战士的宣言时说的话吧（恩格斯同马
克思一样，都属于那种少见的和极少见的著作家，能做到每一巨著
中的每一句话含义都极为深刻）：

> "'……〈布朗基派公社战士的宣言中说〉我们所以是共产主义者，是因
> 为我们要达到自己的目的，不在中间站停留，不作妥协，因为妥协只会推迟胜
> 利到来的日子，延长奴隶制的寿命。'

德国共产主义者所以是共产主义者，是因为他们通过一切不
是由他们而是由历史发展进程造成的中间站和妥协，始终清楚地
瞄准和追求最后目的：消灭阶级和建立不再有土地私有制和生产
资料私有制的社会。33 个布朗基主义者所以是共产主义者，是因
为他们以为，只要**他们**想跳过各个中间站和各种妥协，那就万事大
吉了，只要——他们确信如此——日内'干起来'，政权落到他们
手中，那么后天'就会实行共产主义'。因此，如果这不能立刻办
到，那他们也就不是共产主义者了。

把自己的急躁当做理论上的论据，这是何等天真幼稚！"
（**弗·恩格斯**《公社的布朗基派流亡者的纲领》①，载于德国社会
民主党的报纸《人民国家报》**42**1874 年第 73 号，引自《1871—1875
年论文集》俄译本 1919 年彼得格勒版第 52—53 页）

恩格斯在这篇论文中对瓦扬深表敬意，说瓦扬有"不容争辩
的功绩"（瓦扬和盖得一样，在 1914 年 8 月背叛社会主义以前是
国际社会主义运动影响极大的领袖）。但是，恩格斯对他的明显
的错误却没有放过，而作了详尽的剖析。当然，在年纪很轻、没有
经验的革命者看来，以及在甚至岁数很大、经验很多的小资产阶级

---

① 参看《马克思恩格斯选集》第 3 版第 3 卷第 299 页。——编者注

革命者看来,好像"容许妥协"是异常"危险的",是不可理解和不正确的。而许多诡辩家(那班十二分"有经验的"政客)也正像兰斯伯里同志所提到的那些英国机会主义领袖那样,议论什么"既然布尔什维克可以作某种妥协,为什么我们不可以作任何妥协呢?"但是,在多次罢工(我们只拿阶级斗争的这一种表现来说)中受到教育的无产者,对恩格斯所阐明的这一极深刻的(哲学上的、历史上的、政治上的、心理学上的)真理通常都能很好地领会。每个无产者都经历过罢工,都同可恨的压迫者和剥削者作过"妥协",那就是,在自己的要求完全没有达到,或者只得到部分的满足时,也不得不去上工。每个无产者由于处在群众斗争和阶级对立急剧尖锐化的环境里,都看到了下列两种妥协之间的差别:一种是为客观条件所迫(罢工者的基金告竭,没有外界援助,陷于极端饥饿和苦难的境地)而作的妥协,这种妥协丝毫不会削弱实行这种妥协的工人对革命的忠诚和继续斗争的决心;另一种是叛徒的妥协,他们贪图私利(工贼也实行"妥协"!),怯懦畏缩,甘愿向资本家讨好,屈从于资本家的威胁、利诱、劝说、捧场(这种叛徒的妥协,在英国工人运动史上,英国工联领袖作得特别多,然而所有国家的几乎所有的工人都见到过这种或那种形式的类似现象),却把原因推给客观。

当然,有时也可以遇到异常困难复杂的个别情况,要花极大的气力,才能正确断定某一"妥协"的真实性质,——正像有些杀人案件,很难断定这些杀人行为是完全正当的,甚至是必要的(例如正当防卫),或者是不可原谅的疏忽,或者甚至是经过精心策划的谋害。当然,在政治上有时由于各阶级和各政党之间的(国内的和国际的)相互关系异常错综复杂,有许多情况判断起来,要远比判断什么是罢工中的合理"妥协"，什么是工贼、叛徒领袖等等的叛卖性"妥协"，更为困难。如果要开一张包治百病的丹方，或者拟定一个适用于一切情况的一般准则（"不作任何妥协！"），那是很荒谬的。为了能够弄清各个不同的情况，应该有自己的头脑。党组织的作用和名副其实的党的领袖的作用，也正在于通过本阶级一切肯动脑筋的分子①所进行的长期的、顽强的、各种各样的、多方面的工作，获得必要的知识、必要的经验、必要的（除了知识和经验之外）政治嗅觉，来迅速而正确地解决各种复杂的政治问题。

　　幼稚而毫无经验的人们以为，只要一承认容许**妥协**，就会抹杀机会主义（我们正同它并且必须同它进行不调和的斗争）和革命马克思主义或共产主义之间的任何界限。假使这些人还不懂得，无论自然界还是社会中，**一切**界限都是变动的，而且在一定程度上都是有条件的，那么除了通过长期的训练、培养和教育，让他们取得政治经验和生活经验以外，就没有别的办法可以帮助他们。重要的是在每个个别的或特殊的历史关头，要善于从实际政治问题中识别哪些问题上表现出某种最主要的而且是不能容许的、叛卖性的、危害革命阶级的机会主义的妥协，并且要竭尽全力揭露这种妥协，同它进行斗争。在两个同样进行抢劫、进行掠夺的国家集团间进行帝国主义战争（1914—1918年）时，这样的最主要的、基本

---

①　每个阶级，即使是在最文明的国家里，即使它是最先进的阶级，并且由于当前的形势，它的一切精神力量得到最高度发挥，其中也总会有一些分子**不**动脑筋和不会动脑筋，而且只要阶级还存在，只要无阶级的社会还没有在自己的基础上完全加强、巩固和发展起来，就必然**还会有**这样一些分子。否则，资本主义便不成其为压迫群众的资本主义了。

的一种机会主义,就是社会沙文主义,也就是主张"保卫祖国",在**这样一场**战争中"保卫祖国",实际上就等于保卫"本国"资产阶级的强盗利益。在大战以后,保卫掠夺性的"国际联盟"[43];保卫同本国资产阶级订立的直接或间接的联盟而反对革命无产阶级和"苏维埃"运动;保卫资产阶级民主制和资产阶级议会制而反对"苏维埃政权"——这些就是不能容许的叛卖性妥协的最主要表现,这些妥协合在一起就是危害革命无产阶级及其事业的机会主义。

德国左派在法兰克福出版的小册子里写道:

"……凡是同其他政党妥协……凡是实行机动和通融的政策,都应当十分坚决地拒绝。"

也真奇怪,这些左派既抱着这种见解,却没有坚决地斥责布尔什维主义!德国左派不会不知道在布尔什维主义全部历史中,无论在十月革命前或十月革命后,都**充满着**对其他政党包括对资产阶级政党实行机动、通融、妥协的事实!

为了推翻国际资产阶级而进行的战争,比国家之间通常进行的最顽强的战争还要困难百倍,费时百倍,复杂百倍;进行这样的战争而事先拒绝采用机动办法,拒绝利用敌人之间利益上的矛盾(哪怕是暂时的矛盾),拒绝同各种可能的同盟者(哪怕是暂时的、不稳定的、动摇的、有条件的同盟者)通融和妥协,这岂不是可笑到了极点吗?这岂不是正像我们千辛万苦攀登一座未经勘察、人迹未到的高山,却预先拒绝有时要迂回前进,有时要向后折转,放弃已经选定的方向而试探着从不同的方向走吗?而那些如此缺乏觉悟、如此没有经验的人(如果这真是因为他们年轻,那还算好:

上帝本来就让青年在一定的时间内说这类蠢话的),居然能得到荷兰共产党内某些党员的支持(不管是直接或间接的、公开或隐蔽的、完全或部分的支持,都是一样)!!

在无产阶级进行了第一次社会主义革命之后,在一国内推翻了资产阶级之后,这个国家的无产阶级**在很长时期内**,依然要比资产阶级**弱**,这只是因为资产阶级有很广泛的国际联系,还因为在这个推翻了资产阶级的国家里,小商品生产者自发地、经常地使资本主义和资产阶级复活和再生。要战胜更强大的敌人,就必须尽最大的努力,同时**必须**极仔细、极留心、极谨慎、极巧妙地一方面利用敌人之间的一切"裂痕",哪怕是最小的"裂痕",利用各国资产阶级之间以及各个国家内资产阶级各个集团或各种类别之间利益上的一切对立,另一方面要利用一切机会,哪怕是极小的机会,来获得大量的同盟者,尽管这些同盟者可能是暂时的、动摇的、不稳定的、不可靠的、有条件的。谁不懂得这一点,谁就是丝毫不懂得马克思主义,丝毫不懂得**现代的科学社会主义**。谁要是没有在相当长的时期内和在各种相当复杂的政治形势下,**在实践上**证明他确实会运用这个真理,谁就还没有学会帮助革命阶级去进行斗争,使全体劳动人类从剥削者的压榨下解放出来。以上所说的一切,对于无产阶级夺取政权**以前**和**以后**的时期,都是同样适用的。

马克思和恩格斯说过,我们的理论不是教条,而是**行动的指南**①;卡尔·考茨基、奥托·鲍威尔这类"正宗的"马克思主义者的最大错误和最大罪恶,就是他们不懂得这一点,不善于在无产阶级革命最紧要的关头按此行事。马克思以前时期的俄国伟大的社会

---

① 参看《马克思恩格斯选集》第 3 版第 4 卷第 583 页。——编者注

主义者尼·加·车尔尼雪夫斯基常说:"政治活动并不是涅瓦大街的人行道。"**44**(涅瓦大街是彼得堡一条笔直的主要街道,它的人行道清洁、宽阔而平坦。)从车尔尼雪夫斯基那时以来,俄国革命家由于忽视或忘记了这个真理,遭受过无数的牺牲。我们无论如何要使西欧和美国的左派共产党人和忠于工人阶级的革命家,**不至于像落后的俄国人那样**,为领会这个真理付出**如此昂贵的代价**。

在沙皇制度被推翻以前,革命的俄国社会民主党人曾经多次利用资产阶级自由派的帮助,那就是说,同他们作过多次实际的妥协;在 1901 — 1902 年间,在布尔什维主义产生之前,旧《火星报》编辑部(当时参加这个编辑部的有普列汉诺夫、阿克雪里罗得、查苏利奇、马尔托夫、波特列索夫和我)就曾同资产阶级自由派政治领袖司徒卢威结成正式的政治联盟**45**(时间固然不长),同时却善于不间断地在思想上和政治上同资产阶级自由主义及其在工人运动内部反映出来的任何最微小的影响作最无情的斗争。布尔什维克一直奉行这个政策。从 1905 年起,他们一贯坚持工农联盟,反对自由派资产阶级和沙皇制度,同时从来也不拒绝支持资产阶级去反对沙皇制度(例如在第二级选举或在复选时),从来也没有在思想上和政治上停止对农民的资产阶级革命党,即对"社会革命党人"作最不调和的斗争,而是揭露他们的面目,揭露他们是冒充社会主义者的小资产阶级民主派。1907 年,在杜马选举中,布尔什维克曾同"社会革命党人"结成短期的正式政治联盟。1903 —1912 年期间,我们不止一次地和孟什维克形式上同处在一个统一的社会民主党内,每次都有好几年,但是**从来没有**在思想上和政治上停止跟他们这些对无产阶级散布资产阶级影响的人和机会主义者作斗争。在大战期间,我们同"考茨基派"即左派孟什维克(马尔托夫)以及一部分"社会革命党人"(切尔诺夫、纳坦松)作过某些妥协,同他们在齐美尔瓦尔德和昆塔尔一起开过会[46],发表过共同宣言,但是我们从来没有在思想上和政治上停止和削弱对"考茨基派"、对马尔托夫和切尔诺夫的斗争(纳坦松死于1919年,他当时已是一个非常靠拢我们、跟我们意见几乎完全一致的民粹派"革命共产党人"[47])。正当十月革命的时候,我们同小资产阶级的农民结成了一个非正式的、但又非常重要的(而且是非常成功的)政治联盟,我们未作任何修改就**全盘**接受了**社会革命党**的土地纲领,也就是说,我们作了一次明显的妥协来向农民证明,我们并不想用多数票压他们,而是愿意同他们妥协。同时,我们曾经向"左派社会革命党人"[48]建议结成(而且不久就实现了)正式的政治联盟,请他们参加政府;但是在缔结布列斯特和约以后,他们破坏了这个联盟,到1918年7月甚至举行了武装暴动,继而又进行武装斗争来反对我们。

因此,很明显,德国左派因为德国共产党中央想跟"独立党人"("德国独立社会民主党",即考茨基派)结成联盟,便加以攻击,在我们看来是极不严肃的,而且这种攻击明显地证明"左派"是**错误的**。我们俄国也有过同德国谢德曼之流类似的右派孟什维克(他们参加过克伦斯基政府)和反对右派孟什维克而同德国考茨基派类似的左派孟什维克(马尔托夫)。1917年,我们明显地看到工人群众逐渐离开孟什维克而转向布尔什维克:在1917年6月举行的全俄苏维埃第一次代表大会上,我们只占代表总数的13%,社会革命党人和孟什维克占大多数;在苏维埃第二次代表大会(俄历1917年10月25日)上,我们已占代表总数的51%。为什么德国工人有**同样的**、完全**相同的**从右向左的转变趋势,却没有立即增强共产党人的力量,而首先增强了中间政党——"独立"党(虽然这个党从来没有过任何独立的政见和任何独立的政策,而只是摇摆于谢德曼之流和共产党人之间)的力量呢?

很明显,原因之一就是德国共产党人采取了**错误的**策略,德国共产党人必须大胆地老老实实地承认这个错误,并且学会纠正这个错误。这个错误就是否认有必要参加反动的资产阶级议会和反动的工会,这个错误就是以多种形式表现出来的"左派"幼稚病,这种病症现在已经暴露出来,这就可以更好更快地把它治好,对于机体会更有益处。

德国"独立社会民主党"内部,显然是不一致的:其中除那些已经证明不能理解苏维埃政权和无产阶级专政的意义,不能领导无产阶级革命斗争的机会主义老领袖(如考茨基、希法亭,看来克里斯平、累德堡等在很大程度上也是如此)以外,还有一个左翼,即无产阶级一翼已经形成,并且正在非常迅速地发展着。该党数十万无产者党员(党员总数似为 75 万)正在离开谢德曼而迅速靠拢共产党人。这个无产阶级一翼已经在"独立党人"莱比锡代表大会(1919 年)上提议无条件地立即加入第三国际。如果害怕同该党的这一翼"妥协",那简直是可笑的。恰恰相反,共产党人**必须寻找而且必须找到**一种同他们妥协的适当形式,这种妥协一方面可以促进和加速共产党人同这一翼实现必要的完全融合,另一方面丝毫不妨碍共产党人对"独立党人"机会主义右翼进行思想上和政治上的斗争。要找到这样一种适当的形式,大概是不容易的,然而只有骗子才会向德国工人和德国共产党人许诺一条"容易"制胜的道路。

如果"纯粹的"无产阶级没有被介于无产者和半无产者(一半

依靠出卖劳动力来获得生活资料的人)之间、半无产者和小农(以及小手艺人、小手工业者和所有的小业主)之间、小农和中农之间等等为数众多的形形色色的中间类型所包围,如果无产阶级本身没有分成比较成熟的和比较不成熟的阶层,没有乡土、职业、有时甚至宗教等等的区分,那么资本主义便不成其为资本主义了。由于这一切原因,无产阶级的先锋队,无产阶级的觉悟部分,即共产党,就必须而且绝对必须对无产者的各种集团,对工人和小业主的各种政党采取机动、通融、妥协的办法。全部问题在于要**善于**运用这个策略,来**提高**无产阶级的觉悟性、革命性、斗争能力和制胜能力的**总的**水平,而不是降低这种水平。顺便应当指出:布尔什维克为了战胜孟什维克,不仅在1917年十月革命以前,**就是在此以后也**需要采取机动、通融、妥协的策略,自然,我们所采取的这种策略是靠削弱孟什维克来促进、增进、巩固和加强布尔什维克的。小资产阶级民主派(包括孟什维克在内)必然要动摇于资产阶级和无产阶级之间,动摇于资产阶级民主制度和苏维埃制度之间,动摇于改良和革命之间,动摇于喜爱工人和畏惧无产阶级专政之间,等等。共产党人的正确策略,应该是**利用**这种动摇,决不是忽视这种动摇;既然要利用这种动摇,那就得对那些转向无产阶级的分子,在他们转向无产阶级的时候,实行让步,看他们转的程度,来决定让步的程度;同时要同那些转向资产阶级的分子作斗争。由于我们运用了正确的策略,我国孟什维主义已经而且还在日益瓦解,顽固的机会主义领袖陷于孤立,优秀的工人和小资产阶级民主派中的优秀分子,都转入我们的阵营。这是一个长期的过程,所以"不作任何妥协,不实行任何机动"这种操之过急的"决定",只会有害于加强革命无产阶级影响和扩大革命无产阶级力量的事业。

最后,德国"左派"十分固执地坚持不承认凡尔赛和约[49],这也是他们的一个明显的错误。这种观点表述得愈"庄重"、愈"神气"、愈"坚决"、愈武断(像克·霍纳所表达的那样),结果就显得愈不明智。在现时国际无产阶级革命的条件下,仅仅唾弃"民族布尔什维主义"(劳芬贝格等人的)那种竟然主张同德国资产阶级结盟对协约国作战的荒谬立场,是不够的。应当认识到,苏维埃德国(如果苏维埃德意志共和国不久就可以成立的话)在一定的时期内必须承认和服从凡尔赛和约,不容许这样做的策略是根本错误的。当然不能由此得出结论说,当谢德曼之流还待在政府里、匈牙利苏维埃政权还没有被推翻、维也纳的苏维埃革命尚有可能去援助苏维埃匈牙利的时候,**在当时这样的条件之下**,"独立党人"提出签订凡尔赛和约的要求是正确的。"独立党人"当时实行的机动和灵活是很不好的,因为他们多少替叛徒谢德曼之流分担了责任,多少离开了同谢德曼之流进行无情的(和十分冷静的)阶级战争的观点,而滑到了"非阶级的"或"超阶级的"观点上去。

然而,现在的局势却显然是这样的:德国共产党人不应当束缚自己的手脚,不应当许诺,共产党人一旦取得胜利,就一定废除凡尔赛和约。这是愚蠢的。应该说:谢德曼之流和考茨基之流干了一系列的叛卖勾当,阻碍了(就某种程度上说简直是断送了)同苏维埃俄国和苏维埃匈牙利结成联盟的事业。我们共产党人则要采取一切办法**去促成**和**准备**实现这个联盟,至于凡尔赛和约,我们完全没有必要一定而且立刻加以废除。能不能顺利地废除这个和约,不仅取决于苏维埃运动在德国的胜利,而且取决于苏维埃运动在国际上的胜利。谢德曼之流和考茨基之流阻碍了这个运动,而我们却要帮助这个运动。这就是问题的本质所在,这就是根本的差别所在。既然我们的阶级敌人、剥削者、他们的走狗谢德曼之流和考茨基之流,放过了加强德国及国际苏维埃运动、加强德国及国际苏维埃革命的许多机会,那么,这种罪责就应该由他们来承担。德国的苏维埃革命会加强国际苏维埃运动,而国际苏维埃运动则是反对凡尔赛和约、反对整个国际帝国主义的最强大的堡垒(而且是唯一可靠的、不可战胜的、威震全球的堡垒)。硬要迫不及待地把摆脱凡尔赛和约一事放在第一位,放在使**其他**被帝国主义压迫的国家摆脱帝国主义压迫的**问题之上**,这就是市侩的民族主义(很合乎考茨基、希法亭、奥托·鲍威尔之流的身份),而不是革命的国际主义。在欧洲任何一个大国,其中包括德国,推翻资产阶级将是国际革命的一大胜利,为了这种胜利,如果有必要,可以而且应当容忍**凡尔赛和约存在一个较长的时期**。既然俄国一国为了革命的利益能够忍受几个月布列斯特和约,那么苏维埃德国在同苏维埃俄国结成联盟的情况下,为了革命的利益在更长一段时间里忍受凡尔赛和约决不是不可能的。

法、英等国帝国主义者挑动德国共产党人,给他们设下圈套:"你们说你们不在凡尔赛和约上签字吧。"而左派共产党人不善于随机应变,同诡计多端而且**目前**比他们强大的敌人周旋,不会回答敌人说:"现在我们要在凡尔赛和约上签字了",却像小孩子一样上了这个圈套。事先就束缚住自己的手脚,公开告诉那个目前武装得比我们好的敌人,我们是否要同他作战、什么时候同他作战——这是愚蠢行为,而不是革命行为。当应战显然对敌人有利而对自己不利的时候,却去应战,那就是犯罪;革命阶级的政治家如果不善于实行"机动、通融、妥协",以避免显然不利的战斗,这样的政治家是毫无用处的。

九
英国"左派"共产主义者

英国现在还没有共产党,但是工人中间出现了一种崭新的、广泛的、强大的、迅速增长的、令人感到极有希望的共产主义运动;有几个政党和政治组织("英国社会党"[50]、"社会主义工人党"、"南威尔士社会主义协会"、"工人社会主义联盟"[51])希望成立共产党,并且正在就这个问题进行谈判。在"工人社会主义联盟"的机关报《工人无畏舰》周刊[52](1920年2月21日第6卷第48期)上刊载了该刊主编西尔维娅·潘克赫斯特同志的一篇文章:《向建立共产党的目标前进》。这篇文章叙述了上述四个组织谈判的经过,谈判的内容是:在加入第三国际、承认苏维埃制度(而不是议会制)和无产阶级专政的基础上建立统一的共产党。原来,不能立刻成立统一的共产党的主要障碍之一,是它们之间发生了意见分歧,分歧在于要不要参加议会以及新成立的共产党要不要加入旧的、行业性的(大半由工联组成的)、机会主义和社会沙文主义的"工党"。"工人社会主义联盟"以及"社会主义工人党"①都反

---

① 看来,"社会主义工人党"反对加入"工党",但不是全体党员都反对参加议会。

对参加议会选举,反对参加议会,反对加入"工党",在这方面它们和英国社会党全体党员或多数党员意见不一致,在它们看来英国社会党是英国"各共产主义政党中的右翼"(西尔维娅·潘克赫斯特的上述文章,第5页)。

这样看来,基本的分野同德国是一样的,虽然分歧的表现形式(同英国比较起来,德国的表现形式更接近"俄国的"表现形式)以及其他许多情况有很大差别。现在让我们来看一下"左派"的论据。

关于参加议会问题,西尔维娅·潘克赫斯特同志引证了同一期周刊上威·加拉赫(W.Gallacher)同志的一篇文章,加拉赫同志以格拉斯哥"苏格兰工人委员会"的名义写道:

"本委员会明确反对议会制度,而且得到了各种政治组织的左翼的支持。我们是苏格兰革命运动的代表,这个运动力求在全国产业部门〈在各个生产部门内〉建立革命组织,并且以各社会委员会为基础建立共产党。长期以来我们同官方的议员们进行争论。我们过去认为没有必要向他们公开宣战,而他们也**害怕**向我们展开进攻。

然而这种状况不会长久继续下去。我们正在全线节节胜利。

苏格兰独立工党的广大党员对议会愈来愈反感,几乎所有地方组织都赞成Soviets〈俄语"苏维埃"一词的英语音译〉或工人苏维埃。当然,这对于那些把政治视为谋生手段〈视为职业〉的先生来说,是极其严重的事情,因此他们用尽一切办法来说服他们的党员重新投入议会制度的怀抱。革命的同志们**不应当**〈所有黑体都是原作者用的〉支持这伙匪帮。我们在这方面的斗争将是很艰巨的。在这场斗争中,最糟糕的就是那些关心个人利益胜过关心革命的人将会叛变。对于议会制度的任何支持,都只会有助于使政权落到我们不列颠的谢德曼和诺斯克之流的手里。韩德逊和克林兹(Clynes)之流已经反动透顶。正式的独立工党愈来愈处于资产阶级自由党人的支配之下,资产阶级自由党人在麦克唐纳和斯诺登之流的先生们的阵营中找到了精神上的安乐窝。正式的独立工党极端仇视第三国际,而群众则支持第三国际。无论用什么方法来支持机会主义的议员,都不过是为上述这些先生效劳。英国社会党在这方面不起任何作用…… 这里需要一个健全的革命的产业〈工业〉组织和根据清楚的、明确的、科学的原则去行动的共产党。如果我们的同志能够帮助我们建立这两种组织,我们会欣然接受他们的帮助;如果不能帮助,而又不愿意靠着支持反动派来出卖革命,那么,看在上帝的分上,就请千万不要干预此事;这些反动分子正热心猎取'光荣的'(?)〈问号是原作者加的〉议员称号,正渴望证明他们**能够**像'主子'那个阶级的政治家一样有成效地**实行统治**。"

据我看,这封给编辑部的信出色地表达了年轻的共产主义者或刚刚开始接受共产主义的做群众工作的工人的情绪和观点。这种情绪是极其可喜、极其可贵的;应当善于珍视和支持这种情绪,因为没有这种情绪,英国以及任何其他国家的无产阶级革命的胜利是没有希望的。对于善于表达群众的这种情绪、善于激发群众的这种(往往是朦胧的、不自觉的、下意识的)情绪的人,应该爱护,应该关切地给以种种帮助。但同时应该直言不讳地告诉他们:在伟大的革命斗争中,**单凭**情绪来领导群众是不够的;即使是对革命事业无限忠诚的人所要犯的或正在犯的这样那样的错误,也会给革命事业带来危害。从加拉赫同志给编辑部的这封信中,无疑可以看到德国"左派"共产党人目前所犯的和俄国"左派"布尔什维克在1908年和1918年犯过的那**种种**错误的苗头。

写信人对资产阶级的"阶级的政治家"满怀着最崇高的无产阶级的憎恨(这不仅是无产者,而且是一切劳动者,即德国人所说的一切"小人物"都能理解和有同感的一种憎恨)。被压迫被剥削群众的代表所表达的这种憎恨,实在是"一切智慧之本",是一切社会主义运动和共产主义运动及其成功的基础。可是,写信人看来没有考虑到:政治是一门科学,是一种艺术,它不是从天上掉下来的，不费力是掌握不了的；无产阶级要想战胜资产阶级，就必须造就出**自己的**、无产阶级的"阶级的政治家"，而这些政治家同资产阶级的政治家比起来应该毫不逊色。

写信人透彻地了解到，达到无产阶级目的的工具不是议会，而只能是工人苏维埃，凡是至今还不了解这点的人，哪怕他是最有学问的人、最有经验的政治家、最真诚的社会主义者、最渊博的马克思主义者、最诚实的公民和家庭成员，他也必定是一个最恶毒的反动派。然而写信人甚至没有提出，更没有想到有必要提出这样一个问题：如果不让"苏维埃的"政治家**进入**议会，不**从内部**去瓦解议会制度，不从议会内部去准备条件，使苏维埃能够顺利完成它所面临的解散议会的任务，那么，要使苏维埃战胜议会是否可能呢？而同时写信人却提出了一种完全正确的意见，他说英国共产党必须根据**科学**原则来行动。而科学首先要求估计到其他国家的经验，特别是其他同样是资本主义的国家正在经历或不久前曾经经历过的那种非常类似的经验；其次，它要求估计到在本国内部现有的**一切**力量、集团、政党、阶级和群众，要求决不能仅仅根据一个集团或一个政党的愿望和见解、觉悟程度和斗争决心来确定政策。

说韩德逊、克林兹、麦克唐纳、斯诺登之流已经反动透顶了，这是对的。说他们想把政权抓到自己手里（其实，他们宁愿同资产阶级联合执政），说他们想按照资产阶级的那一套老规矩来"实行统治"，说他们一旦当权，就一定会跟谢德曼之流和诺斯克之流一样行事，这也是对的。所有这些全都不错。但由此得出的结论，决不是说支持他们就是背叛革命，而是说工人阶级的革命家为了革命利益，应该在议会方面给这些先生以一定的支持。我现在拿英国目前的两个政治文件来说明这个意思：（1）劳合-乔治首相1920

年3月18日的演说(根据1920年3月19日《曼彻斯特卫报》⁵³的报道);(2)"左派"共产主义者西尔维娅·潘克赫斯特同志在她的上述文章中所发表的议论。

劳合-乔治在他的演说中同阿斯奎斯(此人曾接到出席会议的特别邀请,但他拒绝了),同那些不愿意跟保守党人联合而想接近工党的自由党人进行了论战。(在加拉赫同志给编辑部的信中,我们也看到他指出了自由党人转入独立工党的事实。)劳合-乔治证明自由党人必须同保守党人联合起来,而且要**紧密地**联合起来,否则,工党——劳合-乔治"喜欢称之为"社会党——就会取得胜利,而这个党是力求实现生产资料"集体所有制"的。这位英国资产阶级的领袖向他的听众,向那些至今大概还不了解这点的自由党议员通俗地解释道:"这在法国叫做共产主义,在德国叫做社会主义,在俄国叫做布尔什维主义。"劳合-乔治说,这是自由党人所根本不能接受的,因为自由党人从根本上说是拥护私有制的。这位演讲人声称:"文明正处在危险之中",因此自由党人同保守党人必须携起手来……

劳合-乔治说:"……如果你们到农业地区去,我相信你们一定会看到,那里党派的划分仍然保持着原样。那里离危险还远。那里还没有什么危险。可是,事态一旦发展到了农业地区,那里的危险也会同今天的某些工业地区一样大。我国居民五分之四从事工商业,而从事农业的几乎不到五分之一。这是我每想到将来我们会遇到的危险时始终不忘的一种情况。法国的居民大都从事农业,在那里,确定的观念有着牢固的基础,这种基础不会变动得很快,也不太容易受到革命运动的激荡。我国的情况则不然。我国比世界上其他任何一个国家都容易颠覆;如果它一开始动摇,那么,由于上述原因,它将比其他国家崩溃得更厉害。"

读者从这里可以看出,劳合-乔治先生不仅是一个很聪明的人,而且他还从马克思主义者那里学到了不少东西。我们不妨也向劳合-乔治学习学习吧。

我们还想指出劳合-乔治演讲之后在讨论过程中发生的如下一个插曲:

"**华莱士**(Wallace)先生问:现在产业工人中间有很多是自由党人,我们从他们那里得到了很多支持,请问首相,您认为您在工业地区对这些产业工人所采取的政策会得到什么结果?可能的结果会不会使目前真心帮助我们的工人转过去大大加强工党的势力?

首相答:我的看法完全相反。自由党人互相倾轧这一事实,无疑使很多自由党人感到绝望而倒向工党方面,现在已经有为数不少的很能干的自由党人参加了工党,他们在破坏政府的威信。结果无疑是社会上同情工党的情绪大大增强。现时社会舆论不是支持工党外的自由党人,而是支持工党,这是最近几次部分改选所表明了的。"

附带说说,这段议论特别表明,连资产阶级中最聪明的人物也弄糊涂了,不能不干出无法补救的蠢事来。就凭这一点也会把资产阶级断送的。尽管我们的人也会做蠢事(自然,条件是这些蠢事不很大,而且能及时得到改正),但是他们终究会成为胜利者。

另外一个政治文件是"左派"共产主义者西尔维娅·潘克赫斯特同志的下述一段议论:

"……英克平同志〈英国社会党书记〉把工党叫做'工人阶级运动的主要组织'。英国社会党的另一个同志在第三国际代表会议上把该党的观点表述得更加明确,他说:'我们把工党看做组织起来的工人阶级。'

我们不赞同对工党的这种看法。工党党员虽然非常多,但很大一部分是无所作为和不关心政治的。这就是那些加入工联的男女工人,他们之所以加入工联,是因为他们厂里的工友都是工联会员,是因为他们想领取补助金。

但是我们认为工党所以拥有这样多的党员也是由这样一个事实造成的:工党是英国工人阶级的多数还没有摆脱的一种思潮的产物,虽然在人民的头脑里正酝酿着巨大的变化,人民很快就要改变这种情况……"

"……英国工党同其他国家的社会爱国主义组织一样,在社会的自然发展过程中,必然要上台执政。共产主义者的任务就是要聚集力量,以便推翻这些社会爱国主义者,我们在英国既不应当拖延这种活动,也不应当犹豫不决。

我们不应当分散自己的精力去增加工党的力量;工党上台执政是不可避免的。我们必须集中力量创立一个共产主义运动来战胜工党。工党很快就要组成政府;拥护革命的反对派必须准备好冲击这个政府……"

总之,自由派资产阶级正在放弃那种历史上被数百年来的经验奉若神明的、对剥削者异常有利的"两党"制(剥削者的"两党"制),而认为必须联合两党的力量同工党作斗争。一部分自由党人好像覆舟时的老鼠,纷纷跑到工党方面去。左派共产主义者认为政权转到工党手中是不可避免的,并且承认现在多数工人都拥护工党。他们由此得出一个奇怪的结论,这个结论由西尔维娅·潘克赫斯特同志表示如下:

"共产党不应当实行妥协……它必须保持自己学说的纯洁,保持自己的独立性,不为改良主义所玷污;共产党的使命是勇往直前,中途不停顿,不转弯,径直走向共产主义革命。"

恰恰相反,既然英国多数工人现在还跟着英国的克伦斯基之流或谢德曼之流走,既然他们还没有取得跟这批人组成的政府打交道的经验,而俄国和德国的工人所以大批转向共产主义,正是因为取得了这种经验,那么毫无疑义,由此应该得出结论说,英国共产主义者**必须**参加议会活动,必须从议会**内部**帮助工人群众在事实上认清韩德逊和斯诺登政府所造成的结果,必须帮助韩德逊和斯诺登之流去战胜联合起来的劳合-乔治和丘吉尔。不这样做,就会增加革命事业的困难,因为工人阶级多数人的观点如果不转变,进行革命是不可能的,而要实现这种转变,必须由群众取得政治经验,单靠宣传是永远不能奏效的。既然现在显然无力的少数工人知道(或者至少应当知道),要是韩德逊和斯诺登战胜了劳合-乔治和丘吉尔,多数工人经过一个很短的时间,就会对自己的领袖感到失望,转而拥护共产主义(或者至少会对共产主义者保持中立,而且多半是善意的中立),那么这少数工人提出"不妥协,不转弯地前进"这样的口号,就显然是错误的。这很像1万名兵士跟5万名敌兵交战,在应当"停顿"、"转弯",甚至实行"妥协"以等待不能立即出动的10万援兵的情况下,却要去同敌人硬拼。这是知识分子的孩子气,而不是革命阶级的郑重的策略。

一切革命,尤其是20世纪俄国三次革命所证实了的一条革命基本规律就是:要举行革命,单是被剥削被压迫群众认识到不能照旧生活下去而要求变革,还是不够的;要举行革命,还必须要剥削者也不能照旧生活和统治下去。只有**"下层"不愿**照旧生活而**"上层"也不能照旧**维持下去的时候,革命才能获得胜利。这个真理的另一个说法是:没有全国性的(既触动被剥削者又触动剥削者的)危机,进行革命是不可能的。这就是说,要举行革命,第一,必须要多数工人(或至少是多数有觉悟、能思考、政治上积极的工人)充分认识到革命的必要性,并有为革命而牺牲的决心;第二,必须要统治阶级遭到政府危机,这种危机甚至把最落后的群众都卷入政治活动(一切真正的革命的标志,就是在以前不关心政治的被压迫劳动群众中,能够进行政治斗争的人成十倍以至成百倍地迅速增加),削弱政府的力量,使革命者有可能很快地推翻它。

顺便提一下,正是从劳合-乔治的演说中可以看到,在英国,这两个可以使无产阶级革命成功的条件显然正在成熟。左派共产主义者的错误目前之所以特别危险,正是因为有些革命者对这两个条件都抱着一种不够认真、不够重视、不够自觉、不够慎重的态度。既然我们不是一个革命的小团体,而是一个革命**阶级**的政党,既然我们要把**群众**争取过来(不这样,我们就有成为不折不扣的空谈家的危险),那么,第一,我们就必须帮助韩德逊或斯诺登去打倒劳合-乔治和丘吉尔(更确切点甚至可以这样说,必须迫使前者去打倒后者,因为前者**不敢去争取胜利!**);第二,我们就必须帮助工人阶级的多数根据切身经验确信我们是正确的,也就是确信韩德逊和斯诺登之流是毫不中用的,确信他们具有小资产阶级的和叛卖的本性,确信他们必然要遭到破产;第三,我们就必须促使这样一种时机迅速到来,即**由于多数工人对韩德逊之流感到失望,可以有很大的成功把握一举推翻韩德逊之流政府**,因为那个极其精明老练的、不是小资产阶级而是大资产阶级的劳合-乔治尚且表现得十分惊慌,并且由于他昨天同丘吉尔"摩擦",今天又同阿斯奎斯"摩擦"而不断削弱自己(以及整个资产阶级)的力量,那么韩德逊之流的政府就一定会更加惊慌失措了。

现在我来更具体地谈一谈。在我看来,英国共产主义者应当根据第三国际的原则,在**必须**参加议会的条件下,把自己的四个党派(四个党派都很弱,其中有的非常非常弱)合并成一个共产党。由共产党向韩德逊和斯诺登之流提议达成"妥协",达成竞选协议:共同反对劳合-乔治和保守党人的联盟,按照工人投给工党和共产党的票数(不是选票,而是另行投票)来分配议席,并保留各自进行鼓动、宣传和政治活动的**最充分的自由**。没有最后这个条件,当然就不能同他们结成同盟,否则就是背叛;英国共产主义者绝对必须保持和坚持揭露韩德逊和斯诺登之流的最充分的自由,如同俄国布尔什维克曾经保持(1903—1917年的**15年内**)和坚持了揭露俄国的韩德逊和斯诺登之流,即揭露孟什维克的最充分的自由一样。

如果韩德逊和斯诺登之流同意根据这些条件跟我们结成同盟,那我们就得到好处了,因为议席的多少,对我们完全无关紧要,我们并不追求这个,在这一点上我们尽可以让步(而韩德逊之流,尤其是他们的新朋友们,也可以说是他们的新主子们,即那些转入独立工党的自由党人,对于猎取议席却最起劲)。我们所以得到好处,是因为正当劳合-乔治**自己**把群众"挑动起来"的时候,我们能够在**群众**中展开**我们的**鼓动工作,并且我们不仅能够帮助工党更快地组织起他们的政府,而且还能够帮助群众更快地了解我们的全部共产主义宣传,我们将毫无保留、毫不隐讳地去进行这种宣传来反对韩德逊之流。

如果韩德逊和斯诺登之流拒绝根据这些条件跟我们结成同盟,我们就会得到更大的好处,因为我们可以立即向**群众**指明(请注意,甚至在纯粹孟什维主义的和十足机会主义的独立工党内部,**群众**也是赞成苏维埃的):韩德逊之流宁愿**自己**靠近资本家,而不愿使一切工人联合起来。那时我们就可以立即得到**群众**的支持,因为这些群众特别在听了劳合-乔治的一番精彩的、高度正确的、高度有益的(对于共产主义者来说)说明之后,都会支持全体工人联合起来去反对劳合-乔治和保守党人的联盟。我们所以能够立即得到好处,还因为我们可以向群众表明,韩德逊和斯诺登之流害怕战胜劳合-乔治,害怕单独取得政权,力求**暗中**得到劳合-乔治的支持,而劳合-乔治却**公开**伸出手去帮助保守党人反对工党。应当指出,布尔什维克在我们俄国1917年2月27日(俄历)革命之后所进行的反对孟什维克和社会革命党人(即俄国的韩德逊和斯诺登之流)的宣传,也正是由于同样的情况而得到好处的。那时我们对孟什维克和社会革命党人说:请你们撇开资产阶级而掌握全部政权吧,因为你们在苏维埃中占多数(在 1917 年 6 月召开的全俄苏维埃第一次代表大会上,布尔什维克总共只占代表总数的13%)。但是俄国的韩德逊和斯诺登之流却害怕撇开资产阶级而单独掌握政权;资产阶级很清楚,立宪会议一定会使社会革命党人和孟什维克(这两个政党结成了紧密的政治联盟,实际上它们**只代表小资产阶级民主派**)获得多数①,因而一再拖延立宪会议选举,这时,社会革命党人和孟什维克却不能毅然决然地同这种拖延行为斗争到底。

要是韩德逊和斯诺登之流拒绝同共产主义者结成同盟,那么共产主义者就可以立刻博得群众的同情,并使韩德逊和斯诺登之流威信扫地,即使我们因此而失去几个议席,那也完全无关紧要。我们只在极少数绝对有把握的选区内,即在我们提出候选人时不至于使自由党人战胜"拉布分子"(工党党员)的选区内,才提出我们的候选人。我们将进行竞选鼓动,散发宣传共产主义的传单,并且在没有我们的候选人的**一切**选区内,吁请选民**投票选举"拉布分子",不选资产者**。如果西尔维娅·潘克赫斯特同志和加拉赫同志认为这样便是背叛共产主义,或者是放弃对社会主义叛徒的斗争,那他们就错了。恰恰相反,共产主义革命事业无疑会因此得

① 俄国 1917 年 11 月立宪会议的选举,据悉有 3 600 多万选民投票,结果布尔什维克得票占 25%,地主和资产阶级的各个政党得票占 13%,小资产阶级民主派即社会革命党和孟什维克以及同类的各小团体得票共占 62%。

到好处。

现在英国共产主义者甚至要接近群众,要群众听他们讲话,往往都是很困难的。如果我以共产主义者的身份出来讲话,请他们投票选举韩德逊而不选劳合-乔治,那他们一定会听我讲的。那时我不仅可以向他们通俗地说明,为什么苏维埃比议会好,无产阶级专政比用资产阶级"民主"作招牌的丘吉尔专政好,而且还可以说明:我要投票支持韩德逊,这就像用绳索吊住被吊者一样;只要韩德逊之流很快地组织起他们的政府,那就会证实我是正确的,就会使群众转到我这方面来,就会加速韩德逊和斯诺登之流在政治上的死亡,这正像他们的俄国和德国的同伙所遭遇的一样。

如果有人反驳我,说这种策略太"难以捉摸",太复杂,不能为群众所了解,它会分散和分裂我们的力量,妨碍我们集中力量去进行苏维埃革命等等,那我便要回答这些"左派"反驳者说:请不要把自己的学理主义强加给群众吧!俄国群众的文化程度大概不比英国群众高,而是比英国群众低。可是他们却理解了布尔什维克;布尔什维克在苏维埃革命的**前夜**,即在 1917 年 9 月,曾提出参加资产阶级议会(立宪会议)的候选人名单,而**在苏维埃革命后的第二天**,即在 1917 年 11 月,又参加了立宪会议的选举,这种情况不但没有妨碍布尔什维克,反而帮助了他们,1918 年 1 月 5 日他们就把这个立宪会议解散了。

关于英国共产主义者之间的第二种意见分歧,即是否要加入工党的问题,我在这里不能多谈。关于这个问题,我手头的材料太少,而这个问题又特别复杂,因为英国"工党"的情况异常独特,它本身的结构和欧洲大陆上通常的政党大不相同。不过,第一,毫无疑义,即使在这个问题上,要是有人认为"共产党必须保持自己学说的纯洁,保持自己的独立性,不为改良主义所玷污;共产党的使命是勇往直前,中途不停顿,不转弯,径直走向共产主义革命",并且根据这一类原则来制定革命无产阶级的策略,那么他必然要犯错误,因为提出这一类原则无非是重犯法国布朗基派公社战士在1874年宣布"否定"任何妥协和任何中间站的错误。第二,毫无疑义,即使在这个问题上,共产主义者的任务,像在任何时候一样,也是要善于针对各阶级和各政党相互关系的**特点**,针对共产主义客观发展的**特点**来运用共产主义普遍的和基本的原则;要看到这种特点每个国家各不相同,应该善于弄清、找到和揣摩出这种特点。

但是讲到这一点就不能仅仅联系到英国一国的共产主义运动,还必须联系到同一切资本主义国家的共产主义运动发展有关的共同结论。现在我们就来讲这个问题。

十
几 点 结 论

1905年的俄国资产阶级革命显示了世界历史上的一个异常独特的转变:在一个最落后的资本主义国家里,罢工运动范围之广和力量之大在世界上第一次达到了空前未有的程度。**单单1905年头一个月**的罢工人数就等于以往十年(1895—1904年)平均**每年**罢工人数的十倍,而且从1905年1月到10月,罢工还在不断和急剧地发展。由于许多完全特殊的历史条件,落后的俄国第一个向世界不仅表明了被压迫群众在革命时的主动精神的飞跃增长

（在一切大革命中都是如此），而且表明无产阶级的作用大大超过了它在人口中所占的比例，表明经济罢工怎样和政治罢工结合，而政治罢工又怎样变成武装起义，表明受资本主义压迫的各阶级怎样创造出了苏维埃这种群众斗争和群众组织的新形式。

1917年的二月革命和十月革命使苏维埃在全国范围内得到了全面的发展，后来又使它在无产阶级社会主义革命中获得了胜利。不到两年工夫就显示出：苏维埃具有国际性质，这种斗争形式和组织形式已经扩展到全世界的工人运动，苏维埃的历史使命是充当资产阶级议会制以及整个资产阶级民主制的掘墓人、后继人和接替人。

不仅如此，工人运动的历史现在表明：在一切国家中，工人运动都必然（而且已经开始）经历一种斗争，即正在成长、壮大和走向胜利的共产主义运动首先而且主要是同**各自的**（对每个国家来说）"孟什维主义"，也就是同机会主义和社会沙文主义的斗争；其次是同"左倾"共产主义的斗争（这可以说是一种补充的斗争）。第一种斗争看来已经毫无例外地在一切国家内展开了，这就是第二国际（目前事实上它已被击溃）和第三国际之间的斗争。第二种斗争则存在于德国、英国、意大利、美国（至少"世界产业工人联合会"和无政府工团主义各派还有相当**一部分人**在坚持左倾共产主义的错误，虽然他们几乎普遍地、几乎绝对地承认苏维埃制度）和法国（如一部分过去的工团主义者对于政党及议会活动采取不正确态度，虽然他们也承认苏维埃制度），也就是说，毫无疑义，这种斗争不仅在国际这个组织范围内存在，而且在全世界范围内都存在。

然而，每个国家的工人运动在取得对资产阶级的胜利之前虽然都要预先经过本质上相同的锻炼,但这一发展过程又是**按各自的方式**来完成的。在这条道路上,先进的资本主义大国走得比布尔什维主义**快得多**;布尔什维主义在历史上用了15年时间才使它这个有组织的政治派别作好夺取胜利的准备。第三国际在短短一年的时间里就取得了决定性的胜利,击溃了黄色的社会沙文主义的第二国际;而第二国际仅仅在几个月以前,还远比第三国际强大,还显得坚强有力,还得到全世界资产阶级各方面的,即直接和间接的、物质上(部长的肥缺、护照、报刊)和思想上的帮助。

现在全部问题就是要使每个国家的共产党人十分自觉地既考虑到同机会主义以及"左倾"学理主义进行斗争这个主要的基本任务,又考虑到这种斗争由于各国经济、政治、文化、民族构成情况(例如爱尔兰等)、所属殖民地以及不同宗教信仰等方面的特征而具有的并且必然具有的**具体特点**。现在到处都可以感到对第二国际的不满,这种不满正在蔓延和增长,这既是由于它推行机会主义,又是由于它不善于或没有能力建立一个真正集中的、真正能进行指导的中心,一个能在革命无产阶级为建立世界苏维埃共和国而进行的斗争中指导无产阶级的国际策略的中心。必须清楚地认识到,这样的领导中心无论如何不能建立在斗争策略准则的千篇一律、死板划一、彼此雷同之上。只要各个民族之间、各个国家之间的民族差别和国家差别还存在(这些差别就是无产阶级专政在全世界范围内实现以后,也还要保持很久很久),各国共产主义工人运动国际策略的统一,就不是要求消除多样性,消灭民族差别(这在目前是荒唐的幻想),而是要求运用共产党人的**基本**原则(苏维埃政权和无产阶级专政)时,把这些原则**在某些细节上正确地加以改变**,使之正确地适应于民族的和民族国家的差别,针对这些差别正确地加以运用。在每个国家通过**具体的**途径来完成**统一的**国际任务,战胜工人运动内部的机会主义和左倾学理主义,推翻资产阶级,建立苏维埃共和国和无产阶级专政的时候,都必须查明、弄清、找到、揣摩出和把握住民族的特点和特征,这就是一切先进国家(而且不仅是先进国家)在目前历史时期的主要任务。争取工人阶级的先锋队,使它转向苏维埃政权而反对议会制度,转向无产阶级专政而反对资产阶级民主,在这方面主要的(当然这还远远不是一切,然而是主要的)事情已经做到了。现在要把一切力量、一切注意力都集中在**下一个**步骤上,也就是说,要找到**转向**或**走向**无产阶级革命的形式;这个步骤看来似乎比较次要,并且从某种观点上说,也的确比较次要,但是在实践上却更接近于实际完成任务。

无产阶级的先锋队在思想上已经被争取过来了。这是主要的。没有这一点,那就连走向胜利的第一步都迈不出去。可是,这离胜利还相当远。单靠先锋队是不能胜利的。当整个阶级,当广大群众还没有采取直接支持先锋队的立场,或者还没有对先锋队采取至少是善意的中立并且完全不会去支持先锋队的敌人时,叫先锋队独自去进行决战,那就不仅是愚蠢,而且是犯罪。要真正使整个阶级,真正使受资本压迫的广大劳动群众都站到这种立场上来,单靠宣传和鼓动是不够的。要做到这一点,还需要这些群众自身的政治经验。这是一切大革命的一条基本规律,现在这条规律不仅在俄国,而且在德国都得到了十分有力而鲜明的证实。不仅没有文化、大都不识字的俄国群众,而且文化程度高、个个识字的德国群众,都必须亲身体验到第二国际骑士们的政府怎样懦弱无能、毫无气节、一筹莫展、对资产阶级奴颜婢膝、卑鄙无耻,亲身体验到,不是无产阶级专政,就必然是极端反动分子(俄国的科尔尼洛夫[54]、德国的卡普[55]之流)的专政,然后才能坚决转到共产主义运动方面来。

国际工人运动中觉悟的先锋队,即各个共产主义政党、小组和派别的当前任务就是要善于**引导**广大的(现在大半还是沉睡、消沉、因循守旧、尚未觉醒的)群众采取这种新的立场,确切一点说,就是**不仅**要善于领导自己的党,而且要善于在这些群众走向和转向新立场的过程中领导他们。如果说从前不在思想上和政治上彻底战胜机会主义和社会沙文主义,就不能完成第一个历史任务(把觉悟的无产阶级先锋队争取到苏维埃政权和工人阶级专政方面来),那么,现在不肃清左倾学理主义,不彻底克服和摆脱左倾学理主义的错误,也就不能完成已经提到日程上来的第二个任务,即善于引导**群众**采取能够保证先锋队取得革命胜利的新立场。

以前的问题是(而现在在很大程度上也还是)把无产阶级先锋队争取到共产主义运动方面来,因而宣传工作就提到了第一位;这时候甚至那些带有小组习气种种弱点的小组,也是有益的,也能做出成绩来。但是现在是群众实际行动的时候了,是部署(假使可以这样说的话)百万大军,配置当今社会的**一切**阶级力量,进行**最后的斗争**的时候了,这时候单凭宣传的本领,单靠重复"纯粹"共产主义的真理,是无济于事的。这时候已不能像还没有领导过群众的小组的宣传员实际上所做的那样,以千来计算群众;这时候要以百万、千万来计算了。这时候我们不仅要问自己,我们是不是已经把革命阶级的先锋队说服了,而且要问,当今社会**一切**阶级(必须是一切阶级,一无例外)的起历史作用的力量是不是已经部署就绪,以至决战时机已经完全成熟,也就是说:(1)一切与我们敌对的阶级力量已经陷入困境,它们彼此进行混战,而力不胜任的斗争已经使它们疲惫不堪;(2)一切犹豫动摇、不坚定的中间分子,即和资产阶级不同的小资产阶级、小资产阶级民主派,已经在人民面前充分暴露了自己,由于在实践中遭到破产而丑态毕露;(3)在无产阶级中,群众支持采取最坚决、最奋勇的革命行动来反对资产阶级,这种情绪已经开始产生并且大大高涨起来。那时候,革命就成熟了;那时候,如果我们正确地估计到上面所指出的、所粗略勾画的一切条件,并且正确地选定了时机,我们的胜利就有保证了。

丘吉尔之流和劳合-乔治之流(这种政治类型的人**各**国都有,只是依国家不同而稍有差别)的分歧以及韩德逊之流和劳合-乔治之流的另一种分歧,从纯粹共产主义,即抽象共产主义,也就是从还没有成熟到采取实际的、群众性的政治行动的共产主义的观点来看,完全是无关紧要、无足轻重的。但是从群众这种实际行动的观点来看,这些分歧却是极其极其重要的。一个共产党人如果不仅想做一个觉悟的、信仰坚定的、思想先进的宣传家,而且想在革命中做一个**群众**的实际领导者,那他的全部工作、全部任务就是要估计到这些分歧,确定这些"朋友"之间不可避免的、使**所有这些"朋友"一齐**削弱的冲突完全成熟的时机。应当把对共产主义思想的无限忠诚同善于进行一切必要的实际的妥协、机动、通融、迂回、退却等等的才干结合起来,以加速韩德逊之流(如果不指名道姓的话,那就是第二国际的英雄们,即自称为社会党人的小资产阶级民主派的代表们)的政权的建立和倒台;加速他们在实践中的不可避免的破产,从而启发群众接受我们的观点,转到共产主义运动方面来;加速韩德逊之流、劳合-乔治之流、丘吉尔之流相互之间(即孟什维克和社会革命党人、立宪民主党人、君主派之间,谢德曼之流、资产阶级、卡普派之间,等等)不可避免的摩擦、争吵、冲突和彻底分裂;并且正确地选择这些"神圣私有制的支柱"分崩离析的时机,来发起无产阶级坚决的进攻,把它们全部打垮,把政权夺过来。

全部历史,特别是历次革命的历史,总是比最优秀的政党、最先进阶级的最觉悟的先锋队所想象的更富有内容,更形式多样,更范围广阔,更生动活泼,"更难以捉摸"。这是不言而喻的,因为最优秀的先锋队也只能体现几万人的意识、意志、热情和想象;而革命却是在人的一切才能高度和集中地调动起来的时刻,由千百万被最尖锐的阶级斗争所激发的人们的意识、意志、热情和想象来实现的。由此可以得出两个很重要的实际结论:第一,革命阶级为了实现自己的任务,必须善于毫无例外地掌握社会活动的**一切**形式或方面(在夺取政权以后,有时还要冒着巨大的风险和危险去做它在夺取政权以前没有做完的工作);第二,革命阶级必须准备最迅速最突然地用一种形式来代替另一种形式。

一支军队不准备掌握敌人已经拥有或可能拥有的一切斗争武器、一切斗争手段和方法,谁都会认为这是愚蠢的甚至是犯罪的。但是,这一点对于政治比对于军事更为重要。在政治上更难预先知道,将来在这种或那种条件下,究竟哪一种斗争手段对于我们是适用的和有利的。倘若我们不掌握一切斗争手段,当其他阶级的状况发生了不以我们的意志为转移的变化,从而把我们特别没有把握的一种活动形式提到日程上来的时候,我们就会遭到巨大的有时甚至是决定性的失败。如果我们掌握了一切斗争手段,哪怕当时情况不容许我们使用对敌人威胁最大、能最迅速地给予致命打击的武器,我们也一定能够胜利,因为我们代表着真正先进、真正革命的阶级的利益。由于资产阶级经常(尤其是在"平静"时期,非革命时期)用合法斗争手段欺骗和愚弄工人,没有经验的革命者往往就以为合法斗争手段是机会主义的,而不合法斗争手段才是革命的。然而,这是不对的。至于1914—1918年那样的帝国主义战争时期,当时最自由民主的国家的资产阶级采取闻所未闻的蛮横无耻的手段欺骗工人、禁止人们说这场战争具有掠夺性这一真理,有些政党和领袖却不善于或不愿意(不要说"我不能",还是说"我不想"吧)采用不合法斗争手段,在这种情况下说他们是机会主义者,是工人阶级的叛徒,那是对的。但是那些不善于把不合法斗争形式和**一切**合法斗争形式结合起来的革命家,是极糟糕的革命家。在革命已经爆发、已经热火朝天的时候,什么人都来参加革命,有的是由于单纯的狂热,有的是为了赶时髦,有的甚至是为了个人飞黄腾达,在这种时候做一个革命家是不难的。而在这以后,在胜利以后,无产阶级要"摆脱"这种糟透了的革命家却要费极大气力,可以说要历尽千辛万苦。要在**还没有**条件进行直接的、公开的、真正群众性的、真正革命的斗争的时候,善于做一个革命家,要在非革命的、有时简直是反动的机构中,在非革命的环境里,在不能立刻了解必须采取革命的行动方法的群众中,善于捍卫革命的利益(通过宣传、鼓动和组织),那就困难得多,因而也可贵得多。善于找到、善于探索到和正确判定能够**引导**群众去作真正的、决定性的、最后的伟大革命斗争的具体道路或事变的特殊转变关头——这就是西欧和美国目前共产主义运动的主要任务。

拿英国来说吧。我们无法知道,而且任何人也无法预先断定,什么时候那里将要爆发真正的无产阶级革命,**什么缘由**最能唤醒、激起和推动目前还在沉睡的非常广大的群众去进行斗争。所以我们必须做好我们的全部准备工作，把四只脚都钉上马掌（正如已故的普列汉诺夫在他还是马克思主义者和革命家的时候所爱说的那样）。能"冲开缺口"、"打破坚冰"的也许是议会危机，也许是由极端错综复杂、日益恶化和日益尖锐的殖民地的矛盾和帝国主义的矛盾所引起的危机，也许是什么别的，等等。我们谈的不是哪一种斗争将**决定**英国无产阶级革命命运的问题（这个问题，任何一个共产主义者都不会发生疑问，这个问题对于我们大家来说，已经解决了，并且彻底解决了），我们谈的是什么**缘由**将唤起目前还在沉睡的无产阶级群众行动起来，并且把他们一直引向革命的问题。我们不要忘记，譬如资产阶级的法兰西共和国，当时无论从国际或国内环境来说，革命形势都不及现在的百分之一，但是，只要有反动军阀千万次无耻行径中的一次（德雷福斯案件[56]），只要有这样一个"意外的"、"小小的"缘由，就足以把人民径直引向国内战争！

在英国，共产主义者必须坚持不断、始终不渝地利用议会选举，利用不列颠政府的爱尔兰政策、殖民地政策和全球性的帝国主义政策所遇到的波折，利用社会生活中其他一切领域、一切部门和一切方面，并且要在所有这些方面，用新的方式，用共产主义的方式，照第三国际那样而不是照第二国际那样来进行工作。在这里，我没有时间也没有篇幅来叙述"俄国式的"、"布尔什维克式的"参加议会选举和议会斗争的方法，但是我可以肯定地告诉外国的共产党人说，这和通常的西欧议会活动是完全不同的。人们往往由此得出结论说："是啊，那是在你们俄国，我们这里，议会活动却是另一个样子。"这个结论是不正确的。世界上所以要有共产党人，第三国际在各国的拥护者，正是要在各个系统，在生活的各个领域里,把旧的、社会党的、工联主义的、工团主义的议会工作,**改造成新的**、共产主义的议会工作。过去在我国的选举中,机会主义的和纯粹资产阶级的、专讲实利的、资本主义招摇撞骗的情况也是屡见不鲜的。西欧和美国的共产主义者必须学会创造一种新的、不寻常的、非机会主义的、不贪图禄位的议会活动,使共产党能够提出自己的口号,使真正的无产者能在没有组织的、备受压抑的贫民的帮助下传送和散发传单,走访工人住所,走访农村无产者和穷乡僻壤(好在欧洲大陆的穷乡僻壤比俄国要少得多,英国就更少)农民的茅舍,走进最下层的平民酒馆,进入真正的平民会社、团体,参加他们的临时集会,不用学者口吻(也不要太带议会腔)跟人民说话,丝毫也不追求议会的"肥缺",而是到处启发思想,发动群众,抓住资产阶级说过的话,利用资产阶级设立的机构,利用它规定的选举以及它向全体人民发出的号召,并使人民了解布尔什维主义,而在资产阶级统治下,除了选举期间,是从来没有这种机会的(大罢工当然例外,因为在大罢工时期,**这样的**全民鼓动机构在我国曾经更紧张地工作过)。在西欧和美国,要做这些事情是很困难的,是万分困难的,但这是可以做到而且应该做到的,因为共产主义运动的一切任务不花气力都是无法完成的,而气力必须花在完成日益多样化的、日益涉及社会生活各部门的、**从资产阶级手中**逐一**夺取各个部门、各个领域的实际**任务上。

在英国,还应当在军队中,在"**本**"国被压迫的、没有平等权利的民族(如爱尔兰和各殖民地)中,按新的方式(不是按社会党的方式,而是按共产主义的方式,不是用改良办法,而是用革命办法)来进行宣传、鼓动和组织工作。要知道,在整个帝国主义时代,尤其是在战后的今天,当各国人民受尽战争的煎熬而迅速地擦亮眼睛,认清了真相(真相就是:几千万人死亡和残废只是为了解决应由英国强盗还是德国强盗掠夺更多的国家这样一个问题)的时候,社会生活的所有这些领域都布满了易燃物,可以触发冲突和危机、激发阶级斗争的机会也特别多。目前在世界性经济危机和政治危机的影响下,在一切国家中都有无数火星从各方面迸发出来,我们不知道而且也无法知道,哪点星星之火能燃起熊熊之焰,就是说,能够彻底唤醒群众,因此我们必须本着我们新的、共产主义的原则,去"耕耘"一切园地,甚至包括最陈腐的、臭气熏人的、看来毫无指望的园地,不然我们就将肩负不起自己的任务,不能照顾到各个方面,不能掌握一切种类的武器,既不能准备好去战胜资产阶级(资产阶级过去按自己的方式安排了各方面的社会生活,现在又按它自己的方式把它们破坏了),也不能准备好在战胜资产阶级之后按共产主义的方式去改造全部生活。

俄国无产阶级革命之后,这个革命在国际范围内取得了出乎资产阶级和庸人们意料的若干胜利之后,全世界现在已经变了样,各处的资产阶级也都变了样。资产阶级被"布尔什维主义"吓坏了,对它恨得咬牙切齿,正因为如此,资产阶级一方面在加速事态的发展,另一方面把注意力集中在用暴力镇压布尔什维主义上,因而削弱了自己在其他许多方面的阵地。一切先进国家的共产党人在自己的策略中应当估计到这两种情况。

俄国立宪民主党人和克伦斯基在对布尔什维克发动疯狂攻击(特别是从1917年4月起,而到6月和7月就更加猖狂)的时候,做得"太过火了"。发行数百万份的资产阶级报纸用各种腔调痛骂布尔什维克,这就帮助了群众来认识布尔什维主义;正是由于资产阶级的"热心",不但是报纸,而且整个社会生活都充满了就布尔什维主义进行的争论。现在各国百万富豪在国际范围内的所作所为,使我们不能不对他们衷心感谢。他们正同过去克伦斯基之流一样,全力恶毒攻击布尔什维主义;他们同克伦斯基一样,在这方面也做得"太过火了",同样也**帮助**了我们。法国资产阶级把布尔什维主义当做竞选鼓动的中心问题,责骂比较温和的或动摇不定的社会党人,说他们倾向布尔什维主义;美国资产阶级则完全丧失了理智,以涉嫌布尔什维主义为理由把成千成万的人抓起来,并到处散布关于布尔什维克阴谋的消息,造成人心惶惶的气氛;世界上"最老练的"英国资产阶级,尽管它很有头脑,很有经验,却也干着难以置信的蠢事,建立各种经费充足的"反布尔什维主义协会",出版专门抨击布尔什维主义的书报,增雇很多学者、鼓动家、神父来同布尔什维主义作斗争,——为此我们应该对这些资本家先生鞠躬致谢。他们在为我们效劳。他们在帮助我们使群众对布尔什维主义的实质和意义问题发生兴趣。他们现在也不可能有别的做法,因为要用"缄默"来扼杀布尔什维主义他们**已经**办不到了。

但是同时,资产阶级看到的几乎只是布尔什维主义的一个方面:起义、暴力、恐怖;因此资产阶级特别在**这一**方面极力准备进行反击和抵抗。在个别场合,在个别国家,在某些短时期内,资产阶级也许能够得逞,我们必须估计到这种可能性;然而,即使它能得逞,对我们来说也决没有什么可怕的。共产主义确实正在从社会生活的各个方面"生长出来",它的幼芽确实到处可见,"传染病"(这是资产阶级及其警察很喜欢用的最"得意的"比喻)已经深深侵入机体并且感染了整个机体。即使煞费苦心,"堵住"一处,"传染病"也会从另一处,有时甚至是最意外的一处冒出来。生活总是会给自己开辟出道路的。就让资产阶级疯狂挣扎,暴跳如雷,肆意横行,干出许多蠢事来吧!让它对布尔什维克杀一儆百,错杀(在印度、匈牙利、德国等国)几百、几千以至几十万个明天的或昨天的布尔什维克吧!资产阶级这样做,正和历史上一切注定要灭亡的阶级所做的一样。共产党人应当知道,未来终究是属于他们的,因此我们可以(而且应当)把进行伟大革命斗争的最大的热情同对资产阶级的疯狂挣扎的最冷静最清醒的估计结合起来。1905年,俄国革命被残酷地镇压下去了;1917年7月,俄国布尔什维克也遭到过镇压[57];谢德曼和诺斯克伙同资产阶级和君主派将军们用巧妙的挑拨手段和狡诈的阴谋诡计杀害了15 000多个德国共产党人[58];芬兰和匈牙利的白色恐怖十分猖獗。然而无论在什么情况下,在所有的国家里,共产主义运动都在经受锻炼和日益发展;它已经如此根深蒂固,种种迫害削弱不了它,损害不了它,反而加强了它。我们要更有信心、更坚定地向胜利前进,现在只缺一点,这就是一切国家的一切共产党人要普遍而彻底地认识到必须使自己的策略具有最大的**灵活性**。特别是先进国家中蓬勃发展着的共产主义运动,目前缺少的就是这种认识,就是在实践中运用这种认识的本领。

考茨基、奥托·鲍威尔等等这样通晓马克思主义和曾经忠于社会主义的第二国际领袖们的经历可以(而且应当)作为有益的教训。他们完全认识到必须采取灵活的策略,他们自己学习过并向别人传授过马克思的辩证法(他们在这方面的著作,有许多东西永远是社会主义文献中有价值的成果),但是他们在**运用**这种辩证法的时候,竟犯了这样的错误,或者说,他们在实践中竟成为这样的**非辩证论者**,竟成为这样不会估计形式的迅速变化和旧形式迅速注入了新内容的人,以致他们的下场比海德门、盖得和普列汉诺夫好不了多少。他们破产的根本原因就在于他们只是"死盯着"工人运动和社会主义运动发展的某一形式,而忘记了这个形式的片面性,他们不敢正视由于客观条件的改变而必然发生的急剧变化,而继续重复那种简单的、背熟了的、初看起来是不容争辩的真理:三大于二。然而政治与其说像算术,不如说像代数,与其说像初等数学,不如说更像高等数学。实际上,社会主义运动的一切旧形式中都已注入了新内容,因此在数字前面出现了一个新符号即"负号",可是我们那些圣哲仍然(现在还在)固执地要自己和别人相信:"负三"大于"负二"。

应该设法使共产党人不再犯"左派"共产党人所犯的同样的、不过是从另一方面犯的错误,确切一点说,要较早地纠正,较快地、使机体较少受损害地消除这一**同样的**、不过是从另一方面犯的**错误**。不仅右倾学理主义是一种错误,左倾学理主义也是一种错误。当然,目前共产主义运动中左倾学理主义错误同右倾学理主义(即社会沙文主义和考茨基主义)错误比较起来,其危害性和严重性不及后者的千分之一,然而这只不过是由于左倾共产主义是一种刚刚产生的还很年轻的思潮。只是因为这个缘故,这种病症在一定条件下容易治好,但是必须用最大的努力去医治。

旧形式破裂了,因为旧形式里面的新内容,即反无产阶级的反动的内容有了过度的发展。现在我们工作的内容(争取苏维埃政权、争取无产阶级专政),从国际共产主义运动的发展看来,是这样扎实,这样有力,这样宏大,它能够**而且应该**在任何形式中,不论新的或旧的形式中表现出来,能够而且应该改造、战胜和驾驭一切形式,不仅是新的,而且是旧的形式,——这并不是为了同旧形式调和,而是为了能够把一切新旧形式都变成使共产主义运动取得完全的、最终的、确定无疑和不可逆转的胜利的手段。

共产党人要竭尽全力来指导工人运动以及整个社会发展沿着最直最快的道路走向苏维埃政权在全世界的胜利,走向无产阶级专政。这是无可争辩的真理。然而,只要再多走一小步,看来像是朝同一方向多走了一小步,真理就会变成错误。只要像德国和英国的左派共产主义者那样,说我们只承认一条道路,一条笔直的道路,说我们不容许机动、通融和妥协,这就犯了错误,这种错误会使共产主义运动受到最严重的危害,而且共产主义运动部分地已经受到或正在受到这种危害。右倾学理主义固执地只承认旧形式,而不顾新内容,结果彻底破产了。左倾学理主义则固执地绝对否定某些旧形式,看不见新内容正在通过各种各样的形式为自己开辟道路,不知道我们共产党人的责任,就是要掌握一切形式,学会以最快的速度用一种形式去补充另一种形式,用一种形式去代替另一种形式,使我们的策略适应并非由我们的阶级或我们的努力所引起的任何一种形式的更替。

惨绝人寰、卑鄙龌龊的帝国主义世界战争和它所造成的绝境,极其有力地推动和加速了世界革命,这场革命向广度和深度的发展如此迅猛,更替的形式如此丰富,在实践上对一切学理主义的驳斥如此富有教益,使人有充分的理由指望能够迅速而彻底地把国际共产主义运动中的"左派"共产主义者的幼稚病医治好。

1920 年 4 月 27 日

增　　补

全世界帝国主义者为了对无产阶级革命进行报复,把我国劫掠一空,并且不顾对本国工人许下了怎样的诺言,继续实行掠夺和封锁,因此直到我国出版机构已经把这本小册子的出版任务安排停当时,我才从国外得到了一些补充材料。我绝不奢望把这本小册子看做能超过匆匆草就的政论家札记的著作,因此只扼要地再谈几点。

一

德国共产党人的分裂

德国共产党人的分裂已成事实。“左派”或“原则上的反对派”另行组织了“共产主义工人党”,以别于“共产党”。在意大利,事情想必也会弄到分裂的地步——我说“想必”,是因为我仅有新到的两号(第 7 号和第 8 号)左派的《苏维埃报》(«Il Soviet»),报上在公开讨论分裂的可能性和必要性,同时还谈到了“弃权派”(或抵制派,即反对参加议会的派别)的代表大会,这一派目前还留在意大利社会党内。

同“左派”即反议会派(其中也有一部分人反对政治,即反对政党和反对在工会内工作)的分裂,像过去同“中派”(即考茨基派、龙格派、"独立党人"等等)的分裂一样,恐怕会成为一种国际现象。就让它这样吧! 分裂总比混乱好,因为混乱既妨碍党在思想上、理论上、革命精神上的发展和成熟,也妨碍党和衷共济地开展真正有组织的、真正为无产阶级专政准备条件的实际工作。

让"左派"在国内和国际范围内把自己实际检验一番吧,让他们不要严格集中的具有铁的纪律的政党,不要掌握各个方面、各个门类、各种形式的政治工作和文化工作的本领,而去试一试为实现无产阶级专政进行准备(并进而实现这一专政)吧。实际经验很快就会开导他们的。

不过,必须竭尽全力使同"左派"的分裂不致妨碍或尽量少妨碍工人运动中一切真心诚意拥护苏维埃政权和无产阶级专政的人在不久的将来必然要面临的、不可避免的合并成一个统一政党的事业。俄国布尔什维克特别幸运的是,他们在直接争取无产阶级专政的群众斗争爆发以前很久,已经对孟什维克(即机会主义者和"中派")和"左派"进行了15年的一贯的和彻底的斗争。而欧美,现在不得不以"强行军"的方式来完成这项工作。个别的人,特别是那些觊觎领袖职位而未能如愿的人,会长期坚持错误(如果他们缺乏无产阶级的纪律性和"光明正大的态度"的话),但是一旦时机成熟,工人群众便会迅速而容易地自己联合起来,并且把一切真诚的共产主义者联合起来,组成一个统一的党,组成一个能够实行苏维埃制度和无产阶级专政的党。①

---

① 关于"左派"共产党人,即反议会派,将来同一般共产党人合并的问题,我还要指出如下一点。根据我对德国"左派"共产党人以及德国一般共产党人的报纸的了解,前者的长处是他们比后者更善于在群众中进行鼓动工作。某种类似的现象我在布尔什维克党的历史上也看到过

二
德国的共产党人和独立党人

我在这本小册子里说过,共产党人和左翼独立党人之间的妥协对于共产主义运动是必要的和有益的,但是要实现这种妥协并不容易。此后我收到的几份报纸也证实了这两点。1920 年 3 月 26 日出版的德国共产党中央机关报《红旗报》(《Die Rote Fahne»[59], Zentralorgan der Kommunistischen Partei Deutschlands, Spartakusbund①)第 32 号上,载有德共中央就卡普、吕特维茨军事"叛乱"(阴谋,冒险)和"社会主义政府"问题发表的"声明"。这篇声明,无论从基本前提或实际结论来看,都是完全正确的。它的基本前提是:目前还没有实现无产阶级专政的"客观基础",因为"多数城市工人"拥护独立党人。它的结论是:答应"在排除各资

不止一次,不过是在较小的规模上,在个别的地方组织里,而不是在全国范围内。例如在 1907—1908 年间,"左派"布尔什维克有的时候在有些地方鼓动群众,比我们更有成效。这在某种程度上是由于在革命的时刻或在人们对革命记忆犹新的时候,采取"简单"否定的策略比较容易接近群众。然而这并不能证明这种策略就是正确的。有一点是绝对不容有丝毫怀疑的:一个共产**党**要想在事实上成为革命**阶级**的即无产阶级的先锋队或先进部队,并且还要想学会领导广大**群众**,不仅是无产阶级的**群众**,而且包括**非**无产阶级的**群众**,被剥削的劳动群众,那么它就必须善于用城市工厂区"市井小民"和乡村居民都最容易接受、最容易了解、最明白而生动的方式去进行宣传、组织和鼓动。

① 斯巴达克联盟。——编者注

产阶级资本主义政党的条件下,对社会主义"政府采取"守法的反对派"的态度(即不进行用"暴力推翻"政府的准备工作)。

无疑,这个策略基本上是正确的。我们固然不应当在措辞上吹毛求疵,但是对有些地方则不能默不作声,例如不该把社会主义叛徒的政府(在共产党的正式声明中)称为"社会主义"政府;又如谢德曼之流的党和考茨基—克里斯平之流先生们的党既然是小资产阶级民主派的政党,那就不该说排除"各资产阶级资本主义政党"这类话;也不该写出像声明第4条里这样的语句:

"……不受限制地享用政治自由和资产阶级民主可以不再成为资本专政的情况,对于向无产阶级专政发展,对于进一步把无产阶级群众争取到共产主义方面来,是极为重要的……"

这种情况是不会有的。小资产阶级的领袖,如德国的韩德逊之流(谢德曼之流)、斯诺登之流(克里斯平之流),没有跳出也不可能跳出资产阶级民主的圈子,而资产阶级民主又不能不是资本的专政。要达到德国共产党中央所完全正确地力求获得的实际效果,根本不需要写出这些原则上错误的、政治上有害的东西。要达到这一点,只要这样说就够了(如果要讲讲议会式的客套话):当多数城市工人还跟着独立党人走的时候,我们共产党人不能妨碍这些工人通过对"他们的"政府的体验去消除自己最后的小市民民主派的(也就是"资产阶级资本主义的")幻想。这就足以证明必须实行一种真正必要的妥协,即在一定时期内不试图用暴力推翻为多数城市工人所信赖的政府。然而在进行日常的群众鼓动,不受官场、议会的客套拘束的时候,当然还可以补充说一下:让谢德曼之流这批恶棍,让考茨基—克里斯平之流这班庸人在实际中揭穿他们自己如何受骗而又如何骗了工人吧；他们那个"干净的"政府会"最干净地"做一番"清扫"工作，把社会主义、社会民主主义以及其他种种背叛社会主义的行为的这些奥吉亚斯的牛圈**60**打扫干净。

　　"德国独立社会民主党"目前的领袖们(有人说这些领袖已经丧失任何影响，那是不对的，实际上他们对于无产阶级，要比那些自称为共产党人并答应"拥护"无产阶级专政的匈牙利社会民主党人更加危险)的真面目，在德国的科尔尼洛夫叛乱，即卡普和吕特维茨先生们的政变中，再一次暴露无遗。①《自由报》(«Freiheit»**61**，独立党人机关报)1920年3月30日和4月14日发表的两篇短文，即卡尔·考茨基写的《决定关头》(«Entscheidende Stunden»)和阿尔图尔·克里斯平写的《论政局》，就是一个小而鲜明的例证。这两位先生绝对不善于像革命家那样思考和推理。这是一些只会嘤嘤啜泣的小市民民主派，既然他们自称是苏维埃政权和无产阶级专政的拥护者，他们对无产阶级就要更加危险一千倍，因为事实上每当困难和危急时刻，他们必然会干叛卖的勾当……同时却"极其真诚地"自信他们是在帮助无产阶级！要知道，改称共产党人的匈牙利社会民主党人，由于胆小怕事和毫无气节，曾认为匈牙利苏维埃政权的处境已毫无希望，并开始在协约国资本家和协约国刽子手的走狗面前啜泣，当时他们也是想要"帮助"无产阶级！

———————

①　关于这一点，1920年3月28日和30日奥地利共产党杰出的机关报《红旗报》**62**(1920年维也纳出版的《红旗报》第266号和第267号所载的L.L.《德国革命的新阶段》一文)用马克思主义的观点说得非常简明而中肯。

三

意大利的屠拉梯之流

　　我在这本小册子里说过,意大利社会党容忍这样一些党员,甚至这样一批议员留在党内是错误的。前面提到的那两号意大利《苏维埃报》完全证实了我的话。英国资产阶级自由派报纸《曼彻斯特卫报》驻罗马记者这样一位旁观者,更进一步证实了这一点。1920年3月12日该报登载了这位记者对屠拉梯的一篇访问记。他写道:

　　"……屠拉梯先生认为革命的危险还没有达到在意大利引起过分忧虑的程度。最高纲领派把苏维埃理论当火来玩,只是为了使群众经常处于兴奋紧张的状态。然而这种理论纯属海外奇谈,是尚未成熟的纲领,毫无实际用处。它只能使各劳动者阶级处于期待的状态。那些把这种理论当做诱饵去迷惑无产者的人,发现自己不得不进行日常的斗争,以获得某些往往是微小的经济改善,好来迁延时日,使各劳动者阶级不致立即失去幻想,失去对心爱的神话的信心。因此,发生了一连串大大小小的、各种原因的罢工,一直到最近的邮政和铁路部门的罢工,——这些罢工使得本来就很严重的国内形势越发严重了。亚得里亚海问题所造成的困难,使全国愤愤不满,积欠外债和滥发纸币,使得全国消沉颓丧,但是我们的国家还远未意识到有推行劳动纪律的必要,而只有这种纪律,才能恢复国内秩序和繁荣……"

　　非常清楚,屠拉梯自己以及庇护他、帮助他、教唆他的意大利资产阶级显然要加以隐瞒、粉饰的真情,却被这位英国记者泄漏出来了。这种真情就是:屠拉梯、特雷维斯、莫迪利扬尼、杜果尼之流先生们的思想和政治工作,确实是而且恰恰就是这位英国记者所描写的那样。这是彻头彻尾背叛社会主义的行为。单拿他们主张处于雇佣奴隶制度下、为资本家发财致富而劳动的工人必须遵守秩序和纪律这一点来说就足够了!所有这些孟什维克式的言论,我们俄国人是多么熟悉啊!他们承认群众**赞成**苏维埃政权,这该是多么宝贵啊!他们看不出自发开展的罢工运动的革命作用,这又是多么愚蠢,多么像资产阶级那样庸俗啊!是的,英国资产阶级自由派报纸的记者像熊那样给屠拉梯之流的先生们帮了忙,而且出色地证实了博尔迪加同志及其《苏维埃报》中的友人们所提出的要求是正确的,他们要求,如果意大利社会党想真正**拥护**第三国际,那就该把屠拉梯之流先生们搞臭,赶出党的队伍,使自己成为名副其实的共产党。

四
由正确的前提作出的错误结论

但是博尔迪加同志和他的"左派"友人们,却从对屠拉梯之流先生们所作的正确批评中得出了错误的结论,认为凡是参加议会都是有害的。意大利"左派"拿不出丝毫郑重的论据来为这种观点辩护。他们简直不知道(或尽量想忘掉)国际上有过以真正革命的和共产主义的方式、以确实有益于为无产阶级革命作准备的方式来利用资产阶级议会的范例。他们简直想象不出有"新"方式,而对利用议会的"旧"方式、非布尔什维克的方式叫喊不休。

他们的根本错误也就在这里。共产主义运动不仅在议会这一活动场所，而且在**一切**活动场所**都应该提供**（如果不进行长期的、顽强的、坚持不懈的工作，它就**无法**提供）在原则上是新的、同第二国际传统彻底决裂的东西（同时要保持并发扬第二国际所贡献的好东西）。

就拿报刊工作来说吧。报纸、小册子、传单等都是用来进行必要的宣传、鼓动和组织工作的。在一个多少文明一点的国家里，任何群众运动都非有报刊机构的帮助不可。无论你怎样大叫大嚷反对"领袖"，无论你怎样赌咒发誓要保持群众的纯洁，使他们不受领袖的影响，终究还不能不利用资产阶级知识分子出身的人来做这项工作，还不能摆脱在资本主义制度下进行这项工作所不可避免的资产阶级民主的、"私有制的"气氛和环境。甚至在推翻资产阶级、无产阶级取得政权已经两年半的今天，我们在自己的周围还能看到资产阶级民主的、私有制的关系大量存在（在农民和手工业者当中）的这种气氛和环境。

议会活动是一种工作形式，报刊工作是另一种工作形式。如果做这两种工作的人是真正的共产主义者，是真正的无产阶级的群众性政党的党员，那这两种工作的内容都可以是共产主义的，而且也应当是共产主义的。但是，无论在前一种或后一种工作中（而且在资本主义制度下，以及在从资本主义向社会主义过渡的时期里，**无论在哪一种工作中**），无产阶级要利用资产阶级出身的人来为自己的目的服务，要战胜资产阶级知识分子的偏见和影响，要削弱小资产阶级环境的阻力（进而彻底改造这个环境），都不可避免地会遇到种种必须克服的困难，种种必须完成的独特的任务。

在1914—1918年大战以前，各国非常"左的"无政府主义者、工团主义者以及其他人物都痛骂议会制度,嘲笑像资产阶级那样平庸的社会党议员,抨击他们的钻营勾当,如此等等,可是他们自己却**通过**报刊工作,**通过**工团(工会)工作,去干**同样**的资产阶级式的钻营勾当。当时我们看到的这样的例子难道不是非常之多吗?只就法国来说,难道茹奥和梅尔黑姆这些先生的例子还不典型吗?

"拒绝"参加议会活动之所以幼稚,就是因为人们想用这种"简单的"、"容易的"、似乎是革命的方法,来"**完成**"在工人运动**内部**对资产阶级民主影响作斗争这一困难任务,其实他们只是妄想逃开自己的影子,只是闭眼不看困难,只是用空话来回避困难罢了。无耻透顶的钻营勾当,按照资产阶级方式享用议会肥缺,对议会工作的惊人的改良主义曲解,庸俗的市侩式的因循守旧,——凡此种种,毫无疑义都是资本主义到处产生着的,不仅在工人运动之外,而且在工人运动之内产生着的通常的和重要的特征。然而资本主义及其所造成的资产阶级环境(这种环境,就是在推翻了资产阶级以后,也消逝得很慢,因为农民经常在复活资产阶级),毫无例外地在工作和生活的一切领域,都产生着形式上稍有差别而本质上完全相同的资产阶级钻营勾当、民族沙文主义和市侩庸俗习气等等。

可爱的抵制派和反议会派,你们觉得自己"极端革命",但事实上**你们**却在跟工人运动内部的资产阶级影响作斗争时**被**一些并不很大的困难**吓倒了**,而你们一旦胜利,就是说无产阶级一旦推翻资产阶级而夺得政权,就会遇到**同样的**困难,而且是大得多、大得无可比拟的困难。你们像小孩一样,被今天摆在你们面前的小困难吓倒了,却不懂得在明天和后天你们仍然必须学会,必须补上一课来学会克服同样的然而大得无可比拟的困难。

在苏维埃政权下,会有更多的资产阶级知识分子出身的人钻到你们的和我们的无产阶级政党里来。他们将钻进苏维埃,钻进法院,钻进行政机关,因为我们不用资本主义所造就的人才,就不能建设也没有别的人才可用来建设共产主义,因为我们不能赶走和消灭资产阶级知识分子,而应当战胜他们,改造他们,重新陶冶和重新教育他们,——正像应当在长期斗争中,在无产阶级专政的基础上也重新教育无产者自己一样,因为无产者不能用神术,不能遵照什么圣母的意旨,不能遵照口号、决议、法令的意旨,一下子就摆脱自己的小资产阶级偏见,而只有对广泛的小资产阶级影响,展开长期的艰苦的广泛的斗争,才能摆脱这种偏见。反议会派现在这样趾高气扬地、这样目空一切地、这样轻率地、这样幼稚地想一挥手就抛开的**那些**任务,在苏维埃政权下,**在苏维埃内部**,在苏维埃的行政机关内部,在苏维埃的"法律辩护员"[63]当中会重新遇到(我们在俄国废除了资产阶级的律师制,这是做得很对的,可是它在"苏维埃的""法律辩护员"的名义下,又在我国复活起来)。在苏维埃的工程师当中,在苏维埃的教员当中,在苏维埃工厂内享受特权的,即技术最熟练、待遇最好的**工人**当中,我们可以看到,资产阶级议会制度所固有的**一切**弊端都在不断地复活着,我们只有用无产阶级的组织性和纪律性,作再接再厉的、坚持不懈的、长期的、顽强的斗争,才能逐渐地战胜这种祸害。

当然,在资产阶级统治下,要克服我们自己党内,即工人党内的资产阶级习惯,是很"困难的":要把那些为人们熟悉的、被资产阶级偏见完全腐蚀了的议员领袖驱逐出党,是"困难的";要使我们绝对必需的(相当数量的,即使是很有限的)资产阶级出身的人服从无产阶级的纪律,是"困难的";要在资产阶级的议会里建立真正无愧于工人阶级的共产党党团,是"困难的";要做到共产党议员不玩弄无谓的资产阶级议会游戏,而能在群众中从事最迫切需要的宣传、鼓动、组织工作,是"困难的"。用不着说,这一切都是"困难的",从前在俄国是困难的,现时在西欧和美国更是困难无比,因为在西欧和美国,资产阶级要强大得多,资产阶级民主传统等等要强大得多。

然而所有这些"困难",如果同无产阶级为了争取胜利,在无产阶级革命时期以及在无产阶级取得政权以后,终归必须完成的完全**同样的**任务比较起来,简直就是儿戏了。在无产阶级专政下,必须重新教育千百万农民和小业主,数十万职员、官吏和资产阶级知识分子,使他们都服从无产阶级的国家和无产阶级的领导,战胜他们中间的资产阶级的习惯和传统,——如果同**这些**真正巨大的任务比较起来,那么,在资产阶级统治下,在资产阶级议会里,建立真正无产阶级政党的真正共产党党团,就是易如儿戏的事情了。

如果"左派"和反议会派的同志们,现在连克服这种小困难都学不会,那么,可以肯定地说,他们将来或者是没有能力实现无产阶级专政,不能大规模地管理和改造资产阶级知识分子和资产阶级机构,或者是不得不**仓促补课**,而由于如此仓促,就会给无产阶级的事业带来巨大的危害,会比正常情况下犯更多的错误和表现得更软弱更无能,如此等等。

只要资产阶级没有被推翻,不仅如此,只要小经济和小商品生产没有完全消失,那么资产阶级环境、私有者的习惯、小市民的传统,就会从工人运动的外部和内部来损害无产阶级的工作,这不仅在议会这一活动领域内是如此,而且在社会活动的各个领域里,在一切文化场所和政治场所也必然一无例外。在某个工作领域中，遇到**一个**"令人不愉快的"任务或困难，就打算退避、躲开，是极其错误的，将来一定要因此付出代价。应当学习并且学会毫无例外地掌握一切工作领域和一切活动领域，在一切场合，在每个地方，战胜所有的困难和所有的资产阶级风气、传统和习惯。除此以外，问题的其他提法都是很不严肃、很幼稚的。

1920 年 5 月 12 日

五

在本书俄文版中，关于整个荷兰共产党在国际性的革命政策方面的行为，我说得有点不正确。因此，我乘这个机会把我们荷兰同志关于这个问题的一封来信发表在下面，并且把我在俄文版中所用的"荷兰论坛派"一词，改为"荷兰共产党的某些党员"[64]。

尼·列宁

怀恩科普的来信

亲爱的列宁同志：

承蒙您的好意，我们这些出席共产国际第二次代表大会的荷兰代表团的团员们，在您的《共产主义运动中的"左派"幼稚病》一书译成西欧各种文字

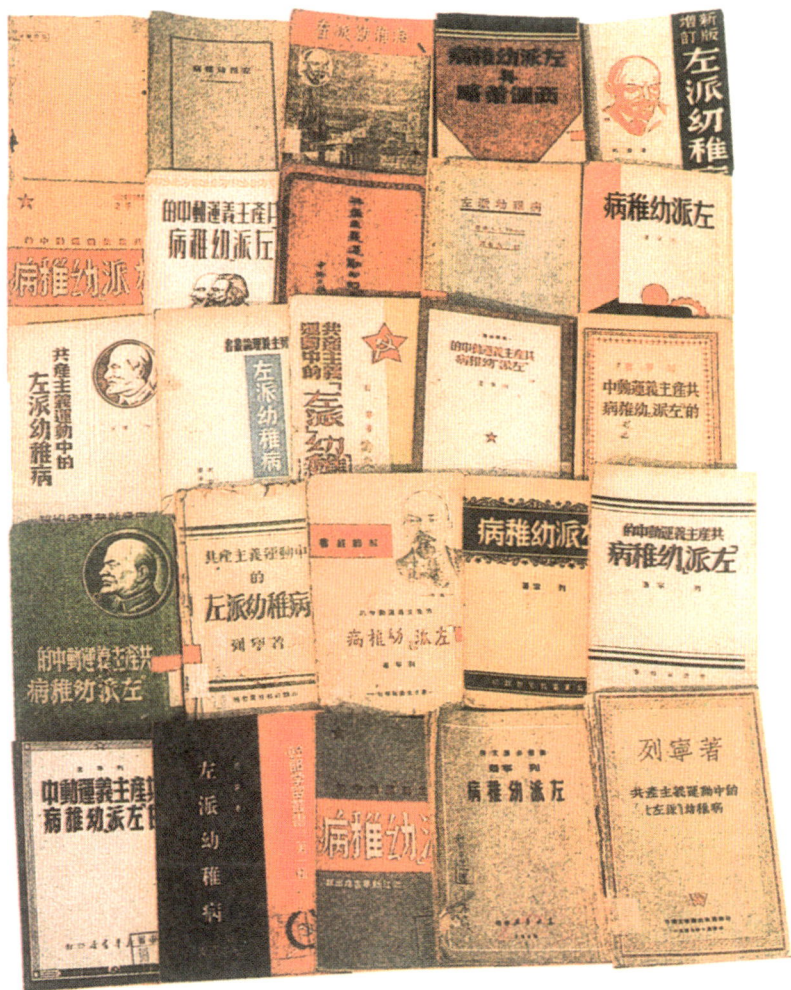

1927—1949 年我国出版的
列宁《共产主义运动中的"左派"幼稚病》一书的部分版本

出版以前,就有机会读到它。您在您的这本书中,对荷兰共产党的某些党员在国际性的政策上所起的作用,再三表示不能同意。

但是,您把这些人的行为的责任放到共产党身上,我们不能不提出抗议。这是极不正确的。而且,这是不公正的,因为荷兰共产党的这些党员很少参加或者完全不参加我们党目前的工作;他们还企图直接或间接地在共产党内推行反对派的口号,而对这些口号,荷共及其一切组织不仅过去,而且直到今天还在进行最坚决的斗争。

谨以荷兰代表团的名义,致兄弟般的敬礼!

戴·怀恩科普
1920 年 6 月 30 日于莫斯科

1920 年 6 月在彼得格勒由国家出版社印成单行本

选自《列宁全集》中文第 2 版增订版第 39 卷第 1—95 页

注　　释

1 《火星报》(《Искра》)是第一个全俄马克思主义的秘密报纸,由列宁创办。创刊号于 1900 年 12 月在莱比锡出版,以后各号的出版地点是慕尼黑、伦敦(1902 年 7 月起)和日内瓦(1903 年春起)。参加《火星报》编辑部的有:列宁、格·瓦·普列汉诺夫、尔·马尔托夫、亚·尼·波特列索夫、帕·波·阿克雪里罗得和维·伊·查苏利奇。编辑部的秘书起初是因·格·斯米多维奇,1901 年 4 月起由娜·康·克鲁普斯卡娅担任。列宁实际上是《火星报》的主编和领导者。他在《火星报》上发表了许多文章,阐述有关党的建设和俄国无产阶级的阶级斗争的基本问题,并评论国际生活中的重大事件。

《火星报》在国外出版后,秘密运往俄国翻印和传播。《火星报》成了团结党的力量、聚集和培养党的干部的中心。在俄国许多城市成立了俄国社会民主工党列宁火星派的小组和委员会。1902 年 1 月在萨马拉举行了火星派代表大会,建立了《火星报》俄国组织常设局。

《火星报》在建立俄国马克思主义政党方面起了重大的作用。在列宁的倡议和亲自参加下,《火星报》编辑部制定了党纲草案,筹备了俄国社会民主工党第二次代表大会。这次代表大会宣布《火星报》为党的中央机关报。

根据俄国社会民主工党第二次代表大会的决议,《火星报》编辑部改由列宁、普列汉诺夫、马尔托夫三人组成。但是马尔托夫坚持保留原来的六人编辑部,拒绝参加新的编辑部,因此《火星报》第 46—51 号是由列宁和普列汉诺夫二人编辑的。后来普列汉诺夫转到了孟什维主义的立场上,要求把原来的编辑都吸收进编辑部,列宁不同意这样做,于 1903 年 10 月 19 日(11 月 1 日)退出了编辑部。《火星报》第 52 号是由普列汉诺夫一人编辑的。1903 年 11 月 13 日（26 日），普列汉诺夫把原来的编辑全部增补进编辑部以后，《火星报》由普列汉诺夫、马尔托夫、阿克雪里罗得、查苏利奇和波特列索夫编辑。因此，从第 52 号起，《火星报》变成了孟什维克的机关报。人们将第 52 号以前的《火星报》称为旧《火星报》，而把孟什维克的《火星报》称为新《火星报》。

　　1905 年 5 月第 100 号以后，普列汉诺夫退出了编辑部。《火星报》于 1905 年 10 月停刊，最后一号是第 112 号。——4。

2 指俄国社会民主工党中的右翼机会主义派别孟什维克和社会革命党。——9。

3 指 1912 年 4 月 4 日（17 日）沙皇军队枪杀西伯利亚勒拿金矿工人的事件。勒拿金矿工人因不堪资本家的残酷剥削和压迫，于 1912 年 2 月底开始举行罢工。3 月中旬，罢工席卷各矿，参加者达 6 000 余人。罢工者提出实行八小时工作制、增加工资、取消罚款、提供医疗救护、改善供应和居住条件等要求。布尔什维克帕·尼·巴塔绍夫是领导罢工的总委员会主席。沙皇当局调动军队镇压罢工，于 4 月 3 日（16 日）夜逮捕了几乎全部罢工委员会成员。4 月 4 日（17 日），2 500 名工人前往纳杰日金斯基矿向检察机关的官员递交申诉书。士兵们奉命向工人开枪，当场死 270 人，伤 250 人。勒拿惨案激起了全俄工人的愤怒，俄国革命运动从此迅速地向前发展。——10。

4 指俄国第四届国家杜马的布尔什维克代表阿·叶·巴达耶夫、格·伊·彼得罗夫斯基、马·康·穆拉诺夫、费·尼·萨莫伊洛夫和尼·罗·沙果夫。第一次世界大战爆发后，他们在 1914 年 7 月 26 日（8 月 8 日）的杜马会议上强烈抗议沙皇俄国参加帝国主义战争，并拒绝对军事拨款投赞成票。他们访问了许多工业中心，召集了多次反对战争的工人集会。1914 年 11 月 2—4 日（15—17 日），他们在彼得格勒近郊的奥泽尔基村召开了有彼得格勒、伊万诺沃-沃兹涅先斯克、哈尔科夫和里加等地布尔什维克代表参加的会议，讨论了列宁关于战争的提纲，一致表示支持。11 月 4 日（17 日），他们和全体与会代表一起被捕，1915 年 2 月被交付法庭审判，以"叛国"罪名被判处终身流放东西伯利亚。——11。

5　龙格主义是以社会改良主义者让·龙格为代表的法国社会党中派的政
治观点。法国社会党中派（龙格派）于 1915 年形成，是该党的少数派。
该派对社会沙文主义者采取妥协态度，在第一次世界大战期间持社会
和平主义立场。俄国十月革命后，反对帝国主义列强对苏俄的武装干
涉，在口头上拥护无产阶级专政，实际上继续奉行同社会沙文主义者合
作的政策，并支持掠夺性的凡尔赛和约。反对法国社会党加入共产国
际。——11。

6　独立工党(I.L.P.)是英国改良主义政党，1893 年 1 月成立。领导人有
基·哈第、拉·麦克唐纳、菲·斯诺登等。党员主要是一些新、旧工联
的成员以及受费边派影响的知识分子和小资产阶级分子。独立工党从
建党时起就采取资产阶级改良主义立场，把主要注意力放在议会斗争
和同自由主义政党进行议会交易上。1900 年，该党作为集体党员加入
英国工党。在第一次世界大战期间，独立工党领袖采取资产阶级和平
主义立场。1932 年 7 月独立工党代表会议决定退出英国工党。1935 年
该党左翼成员加入英国共产党，1947 年许多成员加入英国工党，独立工
党不再是英国政治生活中一支引人注目的力量。——11。

7　费边派是 1884 年成立的英国改良主义组织费边社的成员，多为资产阶
级知识分子，代表人物有悉·韦伯、比·韦伯、拉·麦克唐纳、肖伯纳、
赫·威尔斯等。费边·马克西姆是古罗马统帅，以在第二次布匿战争
（公元前 218—前 201 年）中采取回避决战的缓进待机策略著称。费边
社即以此人名字命名。费边派虽然认为社会主义是经济发展的必然结
果，但只承认演进的发展道路。他们反对马克思主义的阶级斗争和无
产阶级革命学说，鼓吹通过细微的改良来逐渐改造社会，宣扬所谓"地
方公有社会主义"（又译"市政社会主义"）。1900 年费边社加入工党
（当时称劳工代表委员会），但仍保留自己的组织。在工党中，它一直起
制定纲领原则和策略原则的思想中心的作用。第一次世界大战期间，
费边派采取社会沙文主义立场。关于费边派，参看列宁《社会民主党在
1905—1907 年俄国第一次革命中的土地纲领》第 4 章第 7 节和《英国的
和平主义和英国的不爱理论》（《列宁全集》中文第 2 版第 16 卷和第 26
卷）。——11。

8 社会革命党人是俄国最大的小资产阶级政党社会革命党的成员。该党
是 1901 年底—1902 年初由南方社会革命党、社会革命党人联合会、老
民意党人小组、社会主义土地同盟等民粹派团体联合而成的。成立时
的领导人有马·安·纳坦松、叶·康·布列什柯-布列什柯夫斯卡娅、
尼·谢·鲁萨诺夫、维·米·切尔诺夫、米·拉·郭茨、格·安·格尔
舒尼等，正式机关报是《革命俄国报》(1901—1904 年)和《俄国革命通
报》杂志(1901—1905 年)。社会革命党人的理论观点是民粹主义和修
正主义思想的折中混合物。他们否认无产阶级和农民之间的阶级差
别，抹杀农民内部的矛盾，否认无产阶级在资产阶级民主革命中的领导
作用。在土地问题上，社会革命党人主张消灭土地私有制，按照平均使
用原则将土地交村社支配，发展各种合作社。在策略方面，社会革命党
人采用了社会民主党人进行群众性鼓动的方法，但主要斗争方法还是
搞个人恐怖。为了进行恐怖活动，该党建立了事实上脱离该党中央的
秘密战斗组织。

　　在 1905—1907 年俄国第一次革命中，社会革命党曾在农村开展焚
烧地主庄园、夺取地主财产的所谓"土地恐怖"运动，并同其他政党一起
参加武装起义和游击战，但也曾同资产阶级的解放社签订协议。在国
家杜马中，该党动摇于社会民主党和立宪民主党之间。该党内部的不
统一造成了 1906 年的分裂，其右翼和极左翼分别组成了人民社会党和
最高纲领派社会革命党人联合会。在斯托雷平反动时期，社会革命党
经历了思想上、组织上的严重危机。在第一次世界大战期间，社会革命
党的大多数领导人采取了社会沙文主义的立场。1917 年二月革命后，
社会革命党中央实行妥协主义和阶级调和的政策，党的领导人亚·
费·克伦斯基、尼·德·阿夫克森齐耶夫、切尔诺夫等参加了资产阶级
临时政府。七月事变时期该党公开转向资产阶级方面。社会革命党中
央的妥协政策造成党的分裂，左翼于 1917 年 12 月组成了一个独立政
党——左派社会革命党。十月革命后，社会革命党人(右派和中派)公
开进行反苏维埃的活动，在国内战争时期进行反对苏维埃政权的武装
斗争，对共产党和苏维埃政权的领导人实行个人恐怖。内战结束后，他
们在"没有共产党人参加的苏维埃"的口号下组织了一系列叛乱。1922
年，社会革命党彻底瓦解。——12。

9 内阁派是主张社会党人参加资产阶级政府的机会主义流派。因法国社会党人亚·埃·米勒兰于 1899 年参加瓦尔德克-卢梭的资产阶级政府,所以这种机会主义策略也被称为米勒兰主义。1900 年 9 月 23—27 日在巴黎举行的第二国际第五次代表大会讨论了米勒兰主义问题。大会通过了卡·考茨基提出的调和主义决议。这个决议虽谴责社会党人参加资产阶级政府,但却认为在"非常"情况下可以这样做。法国社会党人和其他国家的社会党人就利用这项附带条件为他们在第一次世界大战期间参加帝国主义资产阶级政府的行为辩护。列宁认为米勒兰主义是一种修正主义和叛卖行为,社会改良主义者参加资产阶级政府必定会充当资本家的傀儡,成为这个政府欺骗群众的工具。——12。

10 德国独立社会民主党是中派政党,1917 年 4 月在哥达成立。代表人物是卡·考茨基、胡·哈阿兹、鲁·希法亭、格·累德堡等。基本核心是中派组织"工作小组"。该党以中派言词作掩护,宣传同公开的社会沙文主义者"团结",放弃阶级斗争。1917 年 4 月—1918 年底,斯巴达克派曾参加该党,但保持组织上和政治上的独立,继续进行秘密工作,并帮助工人党员摆脱中派领袖的影响。1920 年 10 月,德国独立社会民主党在该党哈雷代表大会上发生了分裂,很大一部分党员于 1920 年 12 月同德国共产党合并。右派分子单独成立了一个党,仍称德国独立社会民主党,存在到 1922 年。——12。

11 四月代表会议即俄国社会民主工党(布)第七次全国代表会议。这次会议是布尔什维克党在合法条件下召开的第一次代表会议,1917 年 4 月 24—29 日(5 月 7—12 日)在彼得格勒举行。

　　由于中央内部在对革命的估计、革命的前途以及党的任务问题上有分歧,根据中央的一致决定,全党在代表会议召开以前,围绕列宁的《四月提纲》,就这些问题进行了公开争论。这样,地方组织就有可能预先讨论议程中的问题,并弄清普通党员对它们的态度。出席代表会议的有 151 名代表,其中 133 名有表决权,18 名有发言权,他们代表 78 个大的党组织的约 8 万名党员。出席会议的还有前线和后方军事组织的代表,拉脱维亚、立陶宛、波兰、芬兰和爱沙尼亚等民族组织的代表。这次代表会议具有充分的代表性,因而起到了党代表大会的作用。代表会议的议程是:目前形势(战争和临时政府等);和平会议;对工兵代表

苏维埃的态度;修改党纲;国际的现状和党的任务;同国际主义的社会
民主党组织的联合;土地问题;民族问题;立宪会议;组织问题;各地的
报告;选举中央委员会。列宁是主席团的成员,他领导了会议的全部工
作,作了目前形势、修改党纲和土地问题等主要报告,发言 20 多次,起
草了代表会议的几乎全部决议草案。斯大林作了民族问题的报告。代
表会议以《四月提纲》为基础,规定了党在战争和革命的一切基本问题
上的路线,确定了党争取资产阶级民主革命转变为社会主义革命的方
针和"全部政权归苏维埃"的口号。列·波·加米涅夫作了关于目前形
势的副报告,他和阿·伊·李可夫认为俄国资产阶级民主革命还未结
束,社会主义革命尚不成熟,只能由孟什维克和社会革命党人领导的苏
维埃监督资产阶级临时政府。在讨论民族问题时,格·列·皮达可夫
反对各民族有自决直至分离的权利的口号。他们的错误观点受到了会
议的批判。在讨论国际的现状和党的任务时,会议通过了格·叶·季
诺维也夫提出的继续留在齐美尔瓦尔德联盟里和参加齐美尔瓦尔德第
三次代表会议的决议案,列宁投票反对这一决议案。代表会议以无记
名投票选举了党的中央委员会,列宁、季诺维也夫、加米涅夫、弗·巴·
米柳亭、维·巴·诺根、雅·米·斯维尔德洛夫、伊·捷·斯米尔加、斯
大林、Г.Ф.费多罗夫共 9 人当选为中央委员。这次会议的决议,参看
《苏联共产党代表大会、代表会议和中央全会决议汇编》1964 年人民出
版社版第 1 分册第 430—456 页。

　　列宁这里指的是这次代表会议通过的《关于对临时政府的态度的
决议》和《关于工兵代表苏维埃的决议》。——13。

12　格·瓦·普列汉诺夫在《Cant 反对康德或伯恩施坦先生的精神遗嘱》
　　（载于 1901 年 12 月《曙光》杂志第 2—3 期合刊）一文中写道:"在伯恩
　　施坦先生的观点中现在只剩下了一点社会主义的影子。实际上他**离小
　　资产阶级'社会改良'拥护者比离革命的社会民主党要近得多**。然而他
　　还是一个'同志',并没有人请他脱党。"——15。

13　看来是指《德国工人运动中的哪些东西是不应该模仿的》一文（见《列宁
　　全集》中文第 2 版第 25 卷）。列宁在这篇文章中揭露了德国社会民主
　　党人卡·列金的叛卖行为。列金曾于 1912 年在美国国会向美国官方
　　人士和资产阶级政党发表祝贺演说。列宁的文章发表于 1914 年 4 月的

《启蒙》杂志。——16。

14　斯巴达克派(国际派)是德国左派社会民主党人的革命组织,第一次世界大战初期形成,创建人和领导人有卡·李卜克内西、罗·卢森堡、弗·梅林、克·蔡特金、尤·马尔赫列夫斯基、莱·约吉希斯(梯什卡)、威·皮克等。1915 年 4 月,卢森堡和梅林创办了《国际》杂志,这个杂志是团结德国左派社会民主党人的主要中心。1916 年 1 月 1 日,全德左派社会民主党人代表会议在柏林召开,会议决定正式成立组织,取名为国际派。代表会议通过了一个名为《指导原则》的文件,作为该派的纲领,这个文件是在卢森堡主持和李卜克内西、梅林、蔡特金参与下制定的。1916 年至 1918 年 10 月,该派定期出版秘密刊物《政治书信》,署名斯巴达克,因此该派也被称为斯巴达克派。1917 年 4 月,斯巴达克派加入了德国独立社会民主党,但保持组织上和政治上的独立。斯巴达克派在群众中进行革命宣传,组织反战活动,领导罢工,揭露世界大战的帝国主义性质和社会民主党机会主义领袖的叛卖行为。斯巴达克派在理论和策略问题上也犯过一些错误,列宁曾屡次给予批评和帮助。1918 年 11 月,斯巴达克派改组为斯巴达克联盟,12 月 14 日公布了联盟的纲领。1918 年底,联盟退出了独立社会民主党,并在 1918 年 12 月 30 日—1919 年 1 月 1 日举行的全德斯巴达克派和激进派代表会议上创建了德国共产党。——16。

15　布列斯特和约是 1918 年 3 月 3 日苏维埃俄国在布列斯特-里托夫斯克同德国、奥匈帝国、保加利亚和土耳其签订的条约,3 月 15 日经全俄苏维埃第四次(非常)代表大会批准。和约共 14 条,另有一些附件。根据和约,苏维埃共和国同四国同盟之间停止战争状态。波兰、立陶宛全部、白俄罗斯和拉脱维亚部分地区脱离俄国。苏维埃俄国应从拉脱维亚和爱沙尼亚撤军,由德军进驻。德国保有里加湾和蒙海峡群岛。苏维埃军队撤离乌克兰、芬兰和奥兰群岛,并把阿尔达汉、卡尔斯和巴统各地区让与土耳其。苏维埃俄国总共丧失 100 万平方公里土地(含乌克兰)。此外,苏维埃俄国必须复员全部军队,承认乌克兰中央拉达同德国及其盟国缔结的和约,并须同中央拉达签订和约和确定俄国同乌克兰的边界。布列斯特和约恢复了对苏维埃俄国极其不利而对德国有利的 1904 年的关税税率。1918 年 8 月 27 日在柏林签订了俄德财政协定,规定俄国必须以各种形式向德国交付 60 亿马克的赔款。布列斯特和约是当时刚建立的苏维埃政权为了摆脱帝国主义战争,集中力量巩固十月革命取得的胜利而实行的一种革命的妥协。这个和约的签订,虽然使苏维埃俄国受到割地赔款的巨大损失,但是没有触动十月革命的根本成果,并为年轻的苏维埃共和国赢得了和平喘息时机去巩固无产阶级专政,整顿国家经济和建立正规红军,为后来击溃白卫军和帝国主义的武装干涉创造了条件。1918 年德国十一月革命推翻了威廉二世的政权。1918 年 11 月 13 日,全俄中央执行委员会宣布废除布列斯特和约。——17。

16 指召回派和最后通牒派的活动。

召回派是 1908 年在布尔什维克中间出现的一种机会主义集团,主要代表人物有亚·亚·波格丹诺夫、格·阿·阿列克辛斯基、安·弗·索柯洛夫(斯·沃尔斯基)、阿·瓦·卢那察尔斯基、马·尼·利亚多夫等。召回派要求从第三届国家杜马中召回俄国社会民主党的代表,并停止党在合法和半合法组织中的工作,宣称在反动条件下党只应进行不合法的工作。召回派以革命词句作幌子,执行取消派的路线。列宁把召回派叫做"改头换面的孟什维克"。

最后通牒派是召回派的变种,产生于 1908 年,代表人物有维·拉·尚采尔(马拉)、格·阿·阿列克辛斯基、列·波·克拉辛等。在孟什维克的压力下,当时社会民主党国家杜马党团通过了党团对俄国社会民主工党中央委员会独立的决议。最后通牒派不是认真地教育杜马党团,纠正党团的错误,而是要求立即向杜马党团发出最后通牒,要它无条件地服从党中央的决定,否则就把社会民主党杜马代表召回。最后通牒主义实际上是隐蔽的、伪装的召回主义。列宁把最后通牒派叫做"羞羞答答的召回派"。

1909 年,召回派、最后通牒派和造神派组成发起小组,在意大利卡普里岛创办了一所实际上是派别中心的党校。1909 年 6 月,布尔什维克机关报《无产者报》扩大编辑部会议斥责了召回派和最后通牒派,号召同这些背离革命马克思主义的倾向作最坚决的斗争,并把波格丹诺夫从布尔什维克队伍中开除出去。——17。

17 指俄国沙皇政府计划在 1906 年 1 月中旬前召开的咨议性代表机关布里

根杜马。1905年8月6日(19日)沙皇颁布了有关建立国家杜马的诏书,与此同时,还颁布了《关于建立国家杜马的法令》和《国家杜马选举条例》。这些文件是受沙皇之托由内务大臣亚·格·布里根任主席的特别委员会起草的,所以这个拟建立的国家杜马被人们称做布里根杜马。根据这些文件的规定,在杜马选举中,只有地主、资本家和农民户主有选举权。居民的大多数——工人、贫苦农民、雇农、民主主义知识分子被剥夺了选举权。妇女、军人、学生、未满25岁的人和许多被压迫民族都被排除在选举之外。杜马只能作为沙皇属下的咨议性机构讨论某些问题,无权通过任何法律。布尔什维克号召工人和农民抵制布里根杜马。孟什维克则认为可以参加杜马选举并主张同自由派资产阶级合作。1905年十月全俄政治罢工迫使沙皇颁布10月17日宣言,保证召开立法杜马。这样布里根杜马没有召开就被革命风暴扫除了。——17。

18 指俄国第一次资产阶级民主革命期间的1905年十月全俄政治罢工。

十月全俄政治罢工是俄国第一次革命的最重要阶段之一。1905年10月6日(19日),在一些铁路线的布尔什维克组织的代表决定共同举行罢工后,俄国社会民主工党莫斯科委员会号召莫斯科铁路枢纽各线从10月7日(20日)正午起实行总罢工,全俄铁路工会中央常务局支持这一罢工。到10月17日(30日),铁路罢工已发展成为全俄总罢工,参加罢工的人数达200万以上。在各大城市,工厂、交通运输部门、发电厂、邮电系统、机关、商店、学校都停止了工作。十月罢工的口号是:推翻专制制度、积极抵制布里根杜马、召集立宪会议和建立民主共和国。十月罢工扫除了布里根杜马,迫使沙皇于10月17日(30日)颁布了允诺给予"公民自由"和召开"立宪"杜马的宣言。罢工显示了无产阶级运动的力量和声势,推动了农村和军队中革命斗争的展开。在十月罢工中,彼得堡及其他一些城市出现了工人代表苏维埃。十月罢工持续了十多天,是十二月武装起义的序幕。关于十月罢工,参看列宁《全俄政治罢工》一文(《列宁全集》中文第2版第12卷)。——17。

19 "左派共产主义者"是俄共(布)党内的一个左倾机会主义集团,产生于1918年1月。核心人物是尼·伊·布哈林、安·谢·布勃诺夫、阿·洛莫夫、瓦·瓦·奥博连斯基、叶·阿·普列奥布拉任斯基、卡·伯·拉

狄克、格·列·皮达可夫等。"左派共产主义者"极力反对列宁在1918
年初提出的尽快同德国媾和的建议,认为同帝国主义国家媾和在原则
上是不允许的,力主当时还没有军队的年轻的苏维埃共和国继续同德
国作战。他们把德国革命将会爆发设想为在最近某个短时期内就要爆
发,认为德国政府很快会被德国革命所推翻。列宁在批评"左派共产主
义者"的冒险主张时多次指出,相信德国革命成熟和宣布德国革命已经
成熟,这是完全不同的两回事。

　　1918年4月,以布哈林为首的"左派共产主义者"发表《目前形势
的提纲》来对抗列宁的《关于苏维埃政权的当前任务的提纲》。他们否
认过渡时期的必要性,主张用"对资本实行骑兵突击"、颁布相应的法令
和"生活公社化"的办法立即"实行"社会主义,反对利用国家资本主
义,反对使用资产阶级专家,建议完全摧毁银行信贷机构,加速废除货
币,等等。列宁在《论"左派"幼稚性和小资产阶级性》一文(见《列宁选
集》第3版修订版第3卷)中批评了他们的错误观点。1918年夏末,"左
派共产主义者"公开承认了自己的错误。——18。

20　工联即英国及其自治领的工会。工联成员作为集体党员加入工党。在
第一次世界大战期间,工联领导人大多数持社会沙文主义立场。工联
思想家们否认建立无产阶级革命政党的必要性,实际上把工人政党的
作用等同于工联的议会代表团。——18。

21　拉布分子即英国工党党员。

　　英国工党成立于1900年,起初称劳工代表委员会,由工联、独立工
党和费边社等组织联合组成,目的是把工人代表选入议会。1906年改
称工党。工党的领导机关执行委员会同工联总理事会、合作党执行委
员会共同组成所谓全国劳动委员会。工党成立初期就成分来说是工人
的政党(后来有大批小资产阶级分子加入),但就思想和政策来说是一
个机会主义的组织。该党领导人从党成立起就采取同资产阶级实行
阶级合作的路线。第一次世界大战期间,工党领导机构多数人持沙文
主义立场,工党领袖阿·韩德逊等参加了王国联合政府。从1924年
起,工党领导人多次组织政府。——19。

22　立宪民主党人是俄国自由主义君主派资产阶级的主要政党立宪民主党

的成员。立宪民主党（正式名称为人民自由党）于 1905 年 10 月成立。中央委员中多数是资产阶级知识分子、地方自治人士和自由派地主。主要活动家有帕·尼·米留可夫、谢·安·穆罗姆采夫、瓦·阿·马克拉柯夫、安·伊·盛加略夫、彼·伯·司徒卢威、约·弗·盖森等。立宪民主党提出一条与革命道路相对抗的和平的宪政发展道路，主张俄国实行立宪君主制和资产阶级的自由。在土地问题上，主张将国家、皇室、皇族和寺院的土地分给无地和少地的农民；私有土地部分地转让，并且按"公平"价格给予补偿；解决土地问题的土地委员会由同等数量的地主和农民组成，并由官员充当他们之间的调解人。1906 年春，曾同政府进行参加内阁的秘密谈判，后来在国家杜马中自命为"负责任的反对派"。第一次世界大战期间，支持沙皇政府的掠夺政策，曾同十月党等反动政党组成"进步同盟"，要求成立责任内阁，即为资产阶级和地主所信任的政府，力图阻止革命并把战争进行到最后胜利。二月革命后，立宪民主党在资产阶级临时政府中居于领导地位，竭力阻挠土地问题、民族问题等基本问题的解决，并奉行继续帝国主义战争的政策。七月事变后，支持科尔尼洛夫叛乱，阴谋建立军事独裁。十月革命胜利后，苏维埃政府于 1917 年 11 月 28 日（12 月 11 日）宣布立宪民主党为"人民公敌的党"。该党随之转入地下，继续进行反革命活动，并参与白卫将军的武装叛乱。国内战争结束后，该党上层分子大多数逃亡国外。1921 年 5 月，该党在巴黎召开代表大会时分裂，作为统一的党不复存在。——21。

23　原则上的反对派即德国"左派"共产党人集团。这一集团在 1919 年 10 月于海德堡举行的德国共产党第二次代表大会上被开除出德国共产党，1920 年 4 月组成了德国共产主义工人党。为了促使德国所有共产主义力量联合起来，共产国际执行委员会于 1920 年 11 月暂时同意德国共产主义工人党作为同情政党加入共产国际，同时向该党提出同德国统一共产党合并和支持其一切行动的要求。1921 年 6—7 月举行的共产国际第三次代表大会作出决议，要该党在一定期限内并入德国统一共产党。由于没有执行共产国际的这项决议，该党被认为自行退出共产国际。该党后来蜕化成为宗派小集团。——21。

24　沃拉皮尤克是德国语言学家约·施莱尔于 1880 年设计出的一种世界

语方案。——23。

25　《共产主义工人报》(«Kommunistische Arbeiterzeitung»)是德国"左派"共产党人无政府工团主义集团的机关报,1919—1927年在汉堡出版。——25。

26　中心小组是列宁在1895年创立的彼得堡工人阶级解放斗争协会的领导机构。参加中心小组的成员有10多人,其中5人(列宁、格·马·克尔日扎诺夫斯基、瓦·瓦·斯塔尔科夫、阿·亚·瓦涅耶夫和尔·马尔托夫)组成领导核心。——27。

27　指俄共(布)第九次代表大会。

俄共(布)第九次代表大会于1920年3月29日—4月5日在莫斯科举行。参加代表大会的共有715名代表,其中有表决权的代表553名,有发言权的代表162名,共代表611 978名党员。这次代表大会是在红军取得了反对外国武装干涉和国内反革命的决定性胜利、苏维埃俄国获得了暂时的和平喘息时机的条件下召开的。大会主要议程是:中央委员会的工作报告;经济建设的当前任务;工会运动;组织问题;共产国际的任务;对合作社的态度;向民兵制过渡;选举中央委员会。列宁直接领导了代表大会的工作,作了中央委员会的工作报告,并就经济建设、合作社等问题发了言。

这次代表大会的中心议题是经济建设问题,即从军事战线的斗争转向劳动战线的斗争、战胜经济破坏、恢复和发展国民经济的问题。列·达·托洛茨基作了关于经济建设的当前任务的报告。大会就这个问题通过的决议指出,苏维埃俄国经济恢复的基本条件是贯彻执行最近一个历史时期的统一的经济计划。决议规定了完成统一计划的各项根本任务的先后顺序:(1)首先是改善运输部门的工作,调运和储备必要的粮食、燃料和原料;(2)发展为运输业和获取燃料、原料、粮食服务的机器制造业;(3)加紧发展为生产日用品服务的机器制造业;(4)加紧生产日用品。实现国家电气化在统一经济计划中居于重要地位;大会通过了关于制定电气化计划的指示。

代表大会要求各级党组织执行俄共(布)中央关于给运输部门调配5 000名优秀的经过考验的共产党员的指令,并决定动员这次代表大会的10%的代表投入运输战线。代表大会决定把1920年的"五一"节(适逢星期六)定为全俄星期六义务劳动日。

代表大会批准了俄共(布)中央关于动员工业无产阶级、实行劳动义务制、经济军事化以及为经济需要动用军队等问题的提纲,责成党组织帮助工会和劳动部门统计全部熟练工人,以便吸收他们参加生产,同时否决了托洛茨基关于把成立劳动军作为保证国民经济劳动力的唯一良策和把军事方法搬用于和平经济建设的意见。代表大会十分重视生产管理的组织问题。大会就这个问题通过的决议指出,必须在一长制的基础上建立熟悉业务、坚强得力的领导。以季·弗·萨普龙诺夫等为代表的民主集中派反对在企业中实行一长制和个人负责制,坚持无限制的集体管理制,同时也反对使用旧专家,反对国家的集中管理,他们得到了阿·伊·李可夫、米·巴·托姆斯基、弗·巴·米柳亭、阿·洛莫夫等的支持。大会谴责和拒绝了民主集中派的建议。

代表大会在关于工会问题的决议中明确规定了工会的作用、工会同国家和党的相互关系、共产党领导工会的形式和方法以及工会参加经济建设的方式,在关于合作社问题的决议中要求巩固党在合作社组织中的领导地位。

代表大会还作出了关于出版《列宁全集》的决定。

4月4日,在大会秘密会议上选出了由19名委员和12名候补委员组成的新的中央委员会。——27。

28 劳动派(劳动团)是俄国国家杜马中的农民代表和民粹派知识分子代表组成的小资产阶级民主派集团,1906年4月成立。领导人是阿·费·阿拉季因、斯·瓦·阿尼金等。劳动派要求废除一切等级限制和民族限制,实行自治机关的民主化,用普选制选举国家杜马。劳动派的土地纲领要求建立由官地、皇族土地、皇室土地、寺院土地以及超过劳动土地份额的私有土地组成的全民地产,由农民普选产生的地方土地委员会负责进行土地改革,这反映了全体农民的土地要求,同时它又容许赎买土地,则是符合富裕农民阶层利益的。在国家杜马中,劳动派动摇于立宪民主党和布尔什维克之间。布尔什维克党支持劳动派的符合农民利益的社会经济要求,同时批评它在政治上的不坚定,可是劳动派始终没有成为彻底革命的农民组织。六三政变后,劳动派在地方上停止了活动。第一次世界大战期间,劳动派多数采取沙文主义立场。二月革命后,劳动派积极支持资产阶级临时政府,1917 年 6 月与人民社会党合并为劳动人民社会党。十月革命后,劳动派站在资产阶级反革命势力方面。——28。

29　1917 年二月资产阶级革命后到 1919 年这一时期,俄共(布)党员人数变动如下:到 1917 年 4 月俄国社会民主工党(布)第七次全国代表会议时,共有党员 8 万人;到 1917 年 7 月俄国社会民主工党(布)第六次代表大会时,约有 24 万人;到 1918 年 3 月俄国共产党(布)第七次代表大会时,至少有 30 万人;到 1919 年 3 月俄国共产党(布)第八次代表大会时,有 313 766 人。——29。

30　指征收党员周。

征收党员周是根据俄共(布)第八次代表大会的决议举行的。在苏维埃共和国处于国内战争和外国武装干涉的极其困难的时刻,俄共(布)彼得格勒党组织于 1919 年 8 月 10—17 日、莫斯科省党组织于同年 9 月 20—28 日相继举行了征收党员周。俄共(布)中央全会总结初步经验后,9 月 26 日决定在各城市、农村和军队中举行征收党员周。9 月 30 日,中央在给各级党组织的关于征收党员周的通告信中指出,在各地党组织已经完成党员重新登记的情况下,着手吸收新的党员是适时的。通告信要求在征收党员周期间只吸收工人、红军战士、水兵和农民入党。通过举行征收党员周,仅俄罗斯联邦欧洲部分 38 个省就有 20 多万人入党,其中 50% 以上是工人,在作战部队中被接受入党的约 7 万人。——29。

31　非党工农代表会议是 1918—1921 年期间俄共(布)和苏维埃政权联系群众的一种方式。这种会议由地方党政机关召集。参加会议的代表由工厂和农村按照召集机关规定的名额选出。非党工农代表会议在当时起了重大的积极作用,但也曾被孟什维克、社会革命党人和无政府主义者所利用。非党代表会议后来逐渐为共产党员和非党员都参加的代表会议所取代。——30。

32　《共产国际》杂志(《Коммунистический Интернационал》)是共产国际

执行委员会的机关刊物,1919 年 5 月 1 日创刊,曾用俄、德、法、英、中、西班牙等各种文字出版,编辑部由参加共产国际的各国共产党代表组成。该杂志刊登理论文章和共产国际文件,曾发表列宁的许多篇文章。随着 1943 年 5 月 15 日共产国际解散,该杂志于 1943 年 6 月停刊。——34。

33 《人民政治日报》(《Folkets Dagblad Politiken》)是瑞典左派社会民主党人的报纸,1916 年 4 月 27 日起在斯德哥尔摩出版,最初每两天出版一次,后改为日报(1917 年 11 月以前称《政治报》)。1918—1920 年该报的编辑是弗·斯特勒姆。1921 年,瑞典左派社会民主党改名为共产党后,该报成为瑞典共产党的机关报。1945 年停刊。——35。

34 世界产业工人联合会是美国的工会组织,成立于 1905 年,主要联合各种职业的非熟练工人和低工资工人。美国工人运动的活动家丹·德莱昂、尤·德布兹和威·海伍德积极参加了联合会的创建。总部设在芝加哥,在加拿大、澳大利亚、英国、拉丁美洲和南非也曾建立世界产业工人联合会的组织。成立之初,接近社会主义者,在纲领中强调阶级斗争,反对美国劳联领导人和右翼社会党人所执行的阶级合作政策,在美国组织了一系列群众性罢工(共计 150 多次)。第一次世界大战期间,联合会组织了美国工人阶级的群众性的反战斗争。联合会的某些领导人(海伍德等)欢迎俄国十月社会主义革命,并参加了美国共产党。但是联合会的领导职务从 1908 年起为无政府工团主义分子所掌握,因而在它的活动中也表现出无政府工团主义的特点,如不赞成无产阶级的政治斗争、否认无产阶级政党的领导作用和无产阶级专政的必要性、拒绝在美国劳联所属的工会会员中进行工作等。1920 年,联合会的无政府工团主义领导人曾拒绝共产国际执行委员会向联合会发出的加入共产国际的邀请。在 20 世纪 20 年代,联合会逐步退出政治舞台。——36。

35 中央党是德国天主教徒的政党,1870—1871 年由普鲁士议会和德意志帝国国会的天主教派党团联合而成,因这两个党团的议员的席位在会议大厅的中央而得名。中央党通常持中间立场,在支持政府的党派和左派反对派国会党团之间随风转舵。——40。

36　熊的帮忙意为帮倒忙,出典于俄国作家伊·安·克雷洛夫的寓言《隐士
　　和熊》。寓言说,一个隐士和熊做朋友,熊热心地抱起一块大石头为酣
　　睡的隐士驱赶鼻子上的一只苍蝇,结果把他的脑袋砸成了两半。
　　——45。

37　共产主义者抵制派是意大利社会党的左派,因抵制资产阶级议会选举
　　而得名,领导人是阿·博尔迪加,亦简称抵制派或弃权派。该派曾同意
　　大利社会党内的改良主义者作过有力的斗争,但他们反对参加资产阶
　　级议会的策略是错误的。1921 年 1 月 21 日,在里窝那代表大会上,该
　　派同社会党决裂,随后参加创建意大利共产党。——48。

38　《苏维埃报》(«Il Soviet»)是意大利社会党的报纸。1918—1922 年在那
　　波利(那不勒斯)出版。1920 年起成为意大利社会党抵制派(弃权派)
　　的机关报,阿·博尔迪加任主编。——48。

39　《共产主义》杂志(«Comunismo»)是意大利社会党的刊物(双周刊),
　　1919—1922 年在米兰出版,扎·梅·塞拉蒂任主编。——48。

40　意大利社会党于 1892 年 8 月在热那亚代表大会上成立,最初叫意大利
　　劳动党,1893 年改称意大利劳动社会党,1895 年开始称意大利社会党。
　　从该党成立起,党内的革命派就同机会主义派进行着尖锐的思想斗争。
　　1912 年在艾米利亚雷焦代表大会上,改良主义分子伊·博诺米、莱·比
　　索拉蒂等被开除出党。从第一次世界大战爆发到 1915 年 5 月意大利参
　　战,意大利社会党一直反对战争,提出"反对战争,赞成中立!"的口号。
　　1914 年 12 月,拥护资产阶级帝国主义政策、主张战争的叛徒集团(贝·
　　墨索里尼等)被开除出党。意大利社会党人曾于 1914 年同瑞士社会党
　　人一起在卢加诺召开联合代表会议,并积极参加齐美尔瓦尔德(1915
　　年)和昆塔尔(1916 年)国际社会党代表会议。但是,意大利社会党基
　　本上采取中派立场。1916 年底意大利社会党在党内改良派的影响下走
　　上了社会和平主义的道路。俄国十月社会主义革命胜利后,意大利社
　　会党内的左翼力量增强。1919 年 10 月 5—8 日在波伦亚举行的意大利
　　社会党第十六次代表大会通过了加入第三国际的决议,该党代表参加
　　了共产国际第二次代表大会的工作。1921 年 1 月 15—21 日在里窝那

举行的第十七次代表大会上,处于多数地位的中派拒绝同改良派决裂,拒绝完全承认加入共产国际的 21 项条件;该党左翼代表于 21 日退出代表大会并建立了意大利共产党。——48。

41　指匈牙利右派社会民主党人的叛卖活动。

　　1918 年 10 月 30 日深夜匈牙利爆发了革命。资产阶级的自由主义激进派政党和社会民主党组成了联合政府。这个政府没有能力应付内部和外部困难,于 1919 年 3 月 20 日辞职,并建议由社会民主党单独组织政府。但是在当时革命危机尖锐化的形势下,社会民主党的领袖们不敢成立没有共产党参加的政府,不得不同当时还在狱中的匈牙利共产党领导人进行谈判。结果,双方签订了建立苏维埃政权的协议,同时决定两党在共产主义原则基础上和承认无产阶级专政的条件下合并,改称匈牙利社会党。3 月 21 日,匈牙利苏维埃共和国宣告成立,匈牙利第一届苏维埃政府——革命政府委员会组成,社会民主党人加尔拜·山多尔任主席,匈牙利共产党领袖库恩·贝拉任外交人民委员。

　　匈牙利苏维埃政权采取了一系列革命措施,如实行工业企业、运输业、银行的国有化和对外贸易的垄断,没收地主土地建立大农场,把职工的平均工资提高 25%,实行八小时工作制等等,并为保卫共和国建立了红军。但匈牙利苏维埃政权也犯了一些错误,特别是没有满足无地少地农民对土地的要求,因而未能建立起巩固的工农联盟。协约国帝国主义者从 4 月起利用罗马尼亚和捷克斯洛伐克的军队对匈牙利苏维埃共和国进行武装干涉,并对它实行经济封锁。在困难局势下,右派社会民主党人背叛革命,在军队中和后方加紧破坏活动,并在维也纳同协约国代表进行谈判。他们以匈牙利苏维埃共和国政府妨碍同协约国缔结和约和解除封锁为借口逼它辞职。1919 年 8 月 1 日,匈牙利革命政府委员会被迫辞职。匈牙利苏维埃共和国存在了 134 天,就在国内外反革命势力的夹击下被扼杀。——48。

42　《人民国家报》(《Der Volksstaat》)是德国社会民主工党(爱森纳赫派)的中央机关报,其前身是《民主周报》。1869 年 10 月 2 日—1876 年 9 月 29 日在莱比锡出版,最初每周出两次,1873 年 7 月起改为每周出三次。由威·李卜克内西领导编辑部工作;奥·倍倍尔负责出版工作。李卜克内西和倍倍尔因反对德国兼并阿尔萨斯—洛林于 1870 年 12 月被捕后,该报由卡·希尔施和威·布洛斯相继主持工作。马克思和恩格斯从该报创刊时起就为它撰稿,经常给编辑部提供帮助和指导,使这家报纸成了 19 世纪 70 年代优秀的工人报刊之一。——49。

43 国际联盟(国际联合会)是根据 1919 年在巴黎和会上通过的《国际联盟章程》于 1920 年 1 月成立的,总部设在日内瓦,先后参加的国家有 60 多个。美国本是国际联盟的倡议者之一,但因没有批准《国际联盟章程》,所以不是会员国。国际联盟自成立起就为英、法帝国主义所操纵。它表面上标榜"促进国际合作,维持国际和平与安全",实际上是帝国主义国家推行侵略政策、重新瓜分殖民地的工具。1920—1921 年,国际联盟是策划武装干涉苏维埃俄国的中心之一。第二次世界大战爆发后,国际联盟无形中瓦解,1946 年 4 月正式宣告解散。——52。

44 尼·加·车尔尼雪夫斯基在对美国经济学家亨·查·凯里《就政治经济问题致美利坚合众国总统的信》的评论中说:"历史道路并不是涅瓦大街的人行道;它全然是在旷野上穿行,时而尘土飞扬,时而泥泞不堪,时而经过沼泽,时而穿过密林。谁怕沾上尘土和弄脏靴子,他就不要从事社会活动。"(见《尼·加·车尔尼雪夫斯基全集》1950 年俄文版第 7 卷第 923 页)——54。

45 指《火星报》编辑部同彼·伯·司徒卢威就共同在国外出版秘密刊物《时评》的问题进行谈判并曾暂时达成协议一事。这次谈判于 1900 年 12 月 16 日(29 日)—1901 年 1 月底在慕尼黑举行,起因是:合法马克思主义者的代表司徒卢威等人想在国外创办机关刊物《时评》,同《火星报》和《曙光》杂志并行出版,但与社会民主党不发生公开的关系;《火星报》编辑部也希望通过司徒卢威获得政治材料和通讯稿。在谈判中,《火星报》编辑部要求新刊物《时评》作为《曙光》杂志的附刊,期数不得多于《曙光》杂志,《时评》编辑部应在平等基础上由《火星报》编辑部与司徒卢威和米·伊·杜冈-巴拉诺夫斯基组成。在谈判过程中发现,司徒卢威打算利用《火星报》编辑部为《时评》服务,企图把《时评》变成一个同《火星报》竞争的刊物。在拟定协议草案时,司徒卢威拒绝了《火星报》编辑部提出的第 7 条,即《火星报》编辑部有充分自由利用《时评》获得的一切政治材料。随后,格·瓦·普列汉诺夫代表《火星报》和《曙光》杂志、司徒卢威代表"民主反对派"小组草拟了关于出版《时评》的声明。这个刊物最后没有出版。《火星报》的代表同司徒卢威的进一步谈判以破裂告终。虽然如此，但由于存在这个协议，当时《火星报》刊登了司徒卢威的《专制制度和地方自治机关》一文，曙光杂志社协助出版了由司徒卢威作序加注的沙皇政府财政大臣谢·尤·维特的秘密记事。列宁对这次谈判的看法，参看他1901年1月30日给格·瓦·普列汉诺夫的信（《列宁全集》中文第2版第44卷第41号文献）。——54。

46 指1915年9月5—8日在瑞士齐美尔瓦尔德举行的国际社会党第一次代表会议和1916年4月24—30日在瑞士昆塔尔举行的国际社会党第二次代表会议。参加齐美尔瓦尔德代表会议的布尔什维克代表是列宁和格·叶·季诺维也夫，孟什维克组织委员会代表是尔·马尔托夫和帕·波·阿克雪里罗得，社会革命党代表是马·安·纳坦松和维·米·切尔诺夫。参加会议的俄国代表还有拉脱维亚边疆区社会民主党代表扬·安·别尔津和《我们的言论报》代表列·达·托洛茨基。参加昆塔尔代表会议的布尔什维克代表是列宁、伊·费·阿尔曼德和季诺维也夫，孟什维克组织委员会代表是马尔托夫和阿克雪里罗得，社会革命党代表是纳坦松和化名为萨韦利耶夫、弗拉索夫的两个人。——55。

47 革命共产党人是在俄国左派社会革命党人叛乱以后退出该党的一部分人于1918年9月组织的革命共产党的成员。革命共产党的领导人是安·卢·柯列加耶夫、马·安·纳坦松等。该党谴责左派社会革命党人搞恐怖活动和企图破坏布列斯特和约，主张同俄共（布）合作。但是它的纲领是混乱和折中的，一方面认为苏维埃政权为建立社会主义制度创造了先决条件，另一方面又否认从资本主义到社会主义的过渡时期必须实行无产阶级专政。该党成立后不断有人退党，其中有些人加入了俄共（布），有些人回到了左派社会革命党内。该党曾被准许派两名有发言权的代表出席共产国际第二次代表大会。在这次代表大会作出了一个国家只应有一个共产党的决定之后，革命共产党于1920年9月决定加入俄共（布）。同年10月，俄共（布）中央作出决定，允许自己的党组织接受原革命共产党党员加入俄共（布）。——55。

48 左派社会革命党人是俄国小资产阶级政党社会革命党的左翼，于1917

年 12 月 2 日（15 日）组成了独立的政党，其领袖人物是玛·亚·斯皮里多诺娃、波·达·卡姆柯夫和马·安·纳坦松。

左派社会革命党人这一派别在第一次世界大战中形成，1917 年七月事变后迅速发展，在十月革命中加入了军事革命委员会，参加了武装起义。在全俄苏维埃第二次代表大会上，左派社会革命党人在社会革命党党团中是多数派。当右派社会革命党人遵照社会革命党中央的指示退出代表大会时，他们仍然留在代表大会中，并且在议程的最重要的问题上和布尔什维克一起投票。但是在参加政府的问题上，他们拒绝了布尔什维克的建议，而同孟什维克国际主义派一起要求建立有社会革命党、孟什维克和布尔什维克参加的所谓"清一色的社会党人政府"。左派社会革命党人在长期犹豫之后，为了保持他们在农民中的影响，决定参加苏维埃政府。经过布尔什维克和左派社会革命党人的谈判，1917 年底有 7 名左派社会革命党人加入了人民委员会，而左派社会革命党人也保证在自己的活动中实行人民委员会的总政策。

左派社会革命党人虽然走上和布尔什维克合作的道路，但是反对无产阶级专政，在建设社会主义的一些根本问题上同布尔什维克有分歧。1918 年初，左派社会革命党人反对签订布列斯特和约，在同年 3 月苏维埃第四次（非常）代表大会批准布列斯特和约后退出了人民委员会，但仍留在中央执行委员会和其他苏维埃机关中。左派社会革命党人也反对苏维埃政权关于在企业和铁路部门中建立一长制和加强劳动纪律的措施。1918 年夏天，随着社会主义革命在农村中的展开和贫苦农民委员会的建立，左派社会革命党人中的反苏维埃情绪开始增长。1918 年 6 月 24 日，左派社会革命党中央通过决议，提出用一切可行的手段来"纠正苏维埃政策的路线"。接着，左派社会革命党人于 1918 年 7 月 6 日在莫斯科发动了武装叛乱。这次叛乱被粉碎之后，全俄苏维埃第五次代表大会通过决议，把那些赞同其上层领导路线的左派社会革命党人从苏维埃开除出去。左派社会革命党的很大一部分普通党员甚至领导人并不支持其领导机构的冒险主义行动。1918 年 9 月，一部分采取同布尔什维克合作立场的左派社会革命党人组成了民粹派共产党和革命共产党。这两个党的大部分党员后来参加了俄共（布）。20 年代初，左派社会革命党不复存在。——55。

49　凡尔赛和约即第一次世界大战后英、法、意、日等国对德和约,于 1919 年 6 月 28 日在巴黎郊区凡尔赛宫签订。和约的主要内容是,德国将阿尔萨斯—洛林归还法国,萨尔煤矿归法国;德国的殖民地由英、法、日等国瓜分;德国向美、英、法等国交付巨额赔款;德国承认奥地利独立;限制德国军备,把莱茵河以东 50 公里的地区划为非军事区。中国虽是战胜国,但和约却把战前德国在山东的特权交给了日本。这种做法遭到了中国人民的强烈反对,中国代表因而没有在和约上签字。列宁认为凡尔赛和约"是一个闻所未闻的、掠夺性的和约,它把亿万人,其中包括最文明的一部分人,置于奴隶地位"(见《列宁全集》中文第 2 版第 39 卷第 352 页)。——58。

50　英国社会党是由英国社会民主党和其他一些社会主义团体合并组成的,1911 年在曼彻斯特成立。英国社会党是马克思主义的政治组织,但是由于带有宗派倾向,并且党员人数不多,因此未能在群众中展开广泛的宣传活动。第一次世界大战前夕和大战期间,在党内国际主义派(威·加拉赫、约·马克林、阿·英克平、费·罗特施坦等)同以亨·海德门为首的社会沙文主义派之间展开了激烈的斗争。但是在国际主义派内部也有一些不彻底分子,他们在一系列问题上采取中派立场。第一次世界大战爆发以后,1914 年 8 月 13 日,英国社会党的中央机关报《正义报》发表了题为《告联合王国工人》的爱国主义宣言。1916 年 2 月英国社会党的一部分活动家创办的《号召报》对团结国际主义派起了重要作用。1916 年 4 月在索尔福德召开的英国社会党年会上,以马克林、英克平为首的多数代表谴责了海德门及其追随者的立场,迫使他们退出了党。该党从 1916 年起是工党的集体党员。1919 年加入了共产国际。该党左翼是创建英国共产党的主要发起者。1920 年该党的绝大多数地方组织加入了英国共产党。——60。

51　社会主义工人党是英国革命的马克思主义组织,1903 年由一部分脱离社会民主联盟的左派社会民主党人(主要是苏格兰人)在苏格兰建立。

南威尔士社会主义协会是主要由威尔士革命煤矿工人组成的小团体。

工人社会主义联盟是 1918 年 5 月在妇女选举权保障协会基础上形成的一个小组织,盟员主要是妇女。

英国共产党成立大会于 1920 年 7 月 31 日—8 月 1 日举行。大会通过的党纲中写入了党参加议会选举和加入工党的条文。上述三个组织因为不同意这些主张而没有加入英国共产党。1921 年 1 月南威尔士社会主义协会和当时称为"共产党（第三国际不列颠支部）"的工人社会主义联盟同英国共产党合并。社会主义工人党的领导仍拒绝合并。——60。

52 《工人无畏舰》周刊（《Workers' Dreadnought》）是英国刊物，1914 年 3 月—1924 年 6 月在伦敦出版。1917 年 7 月以前称《妇女无畏舰》。1918—1919 年是英国工人社会主义联盟的机关刊物。1920—1921 年是英国共产党的机关刊物。——60。

53 《曼彻斯特卫报》（《The Manchester Guardian》）是英国一家资产阶级报纸，1821 年在曼彻斯特创刊。19 世纪中叶起为自由党的机关报。起初是周报，从 1855 年起改为日报。

列宁在这里提到的戴·劳合-乔治的演说是在英国议会下院自由党党团成员会议上发表的。——64。

54 指科尔尼洛夫叛乱。

科尔尼洛夫叛乱是发生在 1917 年 8 月的一次俄国资产阶级和地主的反革命叛乱。叛乱的头子是俄军最高总司令、沙俄将军拉·格·科尔尼洛夫。叛乱的目的是要消灭革命力量，解散苏维埃，在国内建立反动的军事独裁，为恢复君主制作准备。立宪民主党在这一反革命阴谋中起了主要作用。临时政府首脑亚·费·克伦斯基是叛乱的同谋者，但是在叛乱发动后，他既害怕科尔尼洛夫在镇压布尔什维克党的同时也镇压小资产阶级政党，又担心人民群众在扫除科尔尼洛夫的同时也把他扫除掉，因此就同科尔尼洛夫断绝了关系，宣布其为反对临时政府的叛乱分子。

叛乱于 8 月 25 日（9 月 7 日）开始。科尔尼洛夫调动第 3 骑兵军扑向彼得格勒，彼得格勒市内的反革命组织也准备起事。布尔什维克党是反对科尔尼洛夫叛乱的斗争的领导者和组织者。按照列宁的要求，布尔什维克党在反对科尔尼洛夫的同时，并不停止对临时政府及其社会革命党、孟什维克仆从的揭露。彼得格勒工人、革命士兵和水兵响应布尔什维克党中央的号召,奋起同叛乱分子斗争,三天内有 15 000 名工人参加赤卫队。叛军推进处处受阻,内部开始瓦解。8 月 31 日(9 月 13 日),叛乱正式宣告平息。在群众压力下,临时政府被迫下令逮捕科尔尼洛夫及其同伙,交付法庭审判。——76。

55 指卡普叛乱。

卡普叛乱是德国君主派、容克、最反动的银行资本与工业资本集团和军国主义分子发动的反动叛乱,为首的是沃·卡普、埃·鲁登道夫、瓦·吕特维茨等人。叛乱的目的是废除民主共和国和重建君主政体。1920 年 3 月 10 日,吕特维茨将军向德国社会民主党领导的联合政府提出最后通牒,要求解散国民议会,改选总统。3 月 13 日,受到国防军大多数将领同情的叛乱分子的军队,未经战斗开进了柏林。叛乱分子成立了以卡普为首的政府,宣布全德戒严。叛乱发生后,德国无产阶级立即投入保卫共和国的斗争。3 月 15 日,总罢工席卷全德,参加的工人达1 200 万人。工人们武装起来同叛乱军队展开战斗。在德国共产党领导下,鲁尔区还成立了红色鲁尔军。大部分官吏和职员以及大批农业劳动者也参加了反卡普叛乱的斗争。叛乱分子的队伍在许多地方被击败。3 月 17 日,卡普政府垮台,卡普本人逃往瑞典。——76。

56 德雷福斯案件指 1894 年法国总参谋部尉级军官犹太人阿·德雷福斯被法国军界反动集团诬控为德国间谍而被军事法庭判处终身服苦役一案。法国反动集团利用这一案件煽动反犹太主义和沙文主义,攻击共和制和民主自由。在事实证明德雷福斯无罪后,当局仍坚决拒绝重审,引起广大群众强烈不满。法国社会党人和资产阶级民主派进步人士(包括埃·左拉、让·饶勒斯、阿·法朗士等)发动了声势浩大的运动,要求重审这一案件。在社会舆论压力下,1899 年瓦尔德克-卢梭政府撤销了德雷福斯案件,由共和国总统赦免了德雷福斯。但直到 1906 年 7月,德雷福斯才被上诉法庭确认无罪,恢复了军职。——80。

57 指 1917 年的七月事变。

1917 年七月事变是俄国 1917 年二月革命后,继四月危机和六月危机而发生的又一次危机,是达到全国性危机的一个新的重要的阶段。

俄国资产阶级临时政府所组织的前线进攻以惨败告终,激怒了彼得格勒的工人和陆海军士兵。1917 年 7 月 3 日（16 日），由第一机枪团带头，自发的游行示威从维堡区开始，并有发展成为反对临时政府的武装行动的趋势。鉴于当时俄国革命危机尚未成熟，布尔什维克党不赞成搞武装行动。7 月 3 日（16 日）下午 4 时，党中央决定劝阻群众。但是示威已经开始，制止已不可能。在这种情况下，当夜，布尔什维克党中央又同彼得堡委员会和军事组织一起决定参加游行示威，以便把它引导到和平的有组织的方向上去。当时正在内沃拉村休息的列宁，闻讯后于 7 月 4 日（17 日）晨赶回彼得格勒。7 月 4 日（17 日）这天参加游行示威的共 50 多万人。列宁在克舍辛斯卡娅公馆的阳台上向游行的水兵发表了演说，要求群众沉着、坚定和警惕。示威群众派代表要求苏维埃中央执行委员会夺取政权，遭到社会革命党、孟什维克领袖的拒绝。军事当局派军队镇压和平的游行示威，示威群众在市内好几个地方同武装的反革命分子发生冲突，死 56 人，伤 650 人。在人民意志表达以后，布尔什维克党于 5 日发表了停止游行示威的号召书。莫斯科、下诺夫哥罗德等城市也发生了反政府的游行示威。临时政府在孟什维克和社会革命党所领导的中央执行委员会的支持下，随即对革命人民进行镇压。7 月 5—6 日（18—19 日），《真理报》编辑部和印刷厂以及布尔什维克党中央办公处所被捣毁。7 月 6 日（19 日），临时政府下令逮捕列宁。工人被解除武装。革命的彼得格勒卫戍部队被调出首都，派往前线。七月事变后，政权完全转入反革命的临时政府手中，苏维埃成了它的附属品，革命和平发展时期告终，武装起义的任务提上了日程。列宁对七月事变的评述，见《三次危机》和《俄国革命和国内战争》（《列宁全集》中文第 2 版第 30 卷和第 32 卷）。——84。

58 德国 1918 年十一月革命胜利后，政权落在右翼社会民主党人领导的临时政府手里。德国资产阶级力图把革命镇压下去。1919 年 1 月初，艾伯特政府把属于左翼独立社会民主党人的柏林警察总监埃·艾希霍恩免职，意在挑动工人举行为时过早的反政府武装起义。1 月 6 日，为回答政府的挑衅，柏林工人举行了总罢工。但是参加领导起义的革命行动委员会中的独立社会民主党人采取了叛卖策略，他们与艾伯特政府商谈以"和平方式"解决"冲突"，从而使政府赢得了时间。艾伯特政府在作了充分准备之后，于 1 月 8 日中断谈判，声称总清算的时刻已经到来。陆军部长、右翼社会民主党人古·诺斯克领导的反革命部队随即对柏林革命工人进行残酷镇压,包括卡·李卜克内西和罗·卢森堡在内的大批共产党人惨遭杀害。——84。

59 《红旗报》(«Die Rote Fahne»)是斯巴达克联盟的中央机关报,后来是德国共产党的中央机关报,由卡·李卜克内西和罗·卢森堡创办,1918年11月9日起在柏林出版。该报多次遭到德国当局的迫害。1933年被德国法西斯政权查禁后继续秘密出版。1935年迁到布拉格出版;从1936年10月至1939年秋在布鲁塞尔出版。——89。

60 奥吉亚斯的牛圈出典于希腊神话。据说古希腊西部厄利斯的国王奥吉亚斯养牛3 000头,30年来牛圈从未打扫,粪便堆积如山。奥吉亚斯的牛圈常被用来比喻藏垢纳污的地方。——91。

61 《自由报》(«Die Freiheit»)是德国独立社会民主党的机关报(日报),1918年11月15日—1922年9月30日在柏林出版。——91。

62 《红旗报》(«Die Rote Fahne»)是奥地利共产党的中央机关报,1918年11月起在维也纳出版。最初称《呐喊报》,1919年1月15日起改称《社会革命报》,1919年7月26日起始称《红旗报》。——91。

63 这里说的是1918年2月设立的隶属于工人、士兵、农民和哥萨克代表苏维埃的法律辩护员公会。资产阶级旧律师在许多法律辩护员公会中影响很大,他们歪曲苏维埃诉讼程序的原则,营私舞弊。因此早在1920年春就提出了取消法律辩护员公会的问题。1920年10月,法律辩护员公会被撤销。——96。

64 根据俄文版本,《共产主义运动中的"左派"幼稚病》这一著作中原先使用的"荷兰论坛派"一词,均已改为"荷兰共产党的某些党员"。——98。

人 名 索 引

A

阿德勒,弗里德里希(Adler, Friedrich 1879—1960)——奥地利社会民主党右翼领袖之一,"奥地利马克思主义"理论家,第二半国际和社会主义工人国际的组织者和领袖之一;维·阿德勒的儿子。1907—1911 年任苏黎世大学理论物理学讲师。1910—1911 年任瑞士社会民主党机关报《民权报》编辑,1911 年起任奥地利社会民主党书记。在哲学上是经验批判主义的信徒,主张以马赫主义哲学"补充"马克思主义。第一次世界大战期间主张社会民主党对帝国主义战争保持"中立"和促使战争早日结束。1914 年 8 月辞去书记职务。1916 年 10 月 21 日因枪杀奥匈帝国首相卡·施图尔克伯爵被捕。1918 年 11 月获释后重新担任党的书记,走上改良主义道路。1919 年当选为全国工人代表苏维埃执行委员会主席。1923—1939 年任社会主义工人国际书记。——4、12、19。

阿克雪里罗得,帕维尔·波里索维奇(Аксельрод, Павел Борисович 1850—1928)——俄国孟什维克领袖之一。19 世纪 70 年代是民粹派分子。1883 年参与创建劳动解放社。1900 年起是《火星报》和《曙光》杂志编辑部成员。这一时期在宣传马克思主义的同时,也在一系列著作中把资产阶级民主制和西欧社会民主党议会活动理想化。1903 年在俄国社会民主工党第二次代表大会上是《火星报》编辑部有发言权的代表,属火星派少数派,会后是孟什维主义的思想家。1905 年提出召开广泛的工人代表大会的取消主义观点。1906 年在党的第四次(统一)代表大会上代表孟什维克作了关于国家杜马问题的报告,宣扬无产阶级同资产阶级实行政治合作的机会主义思想。斯托雷平反动时期和新的革命高涨年代是取消派的思想领袖,参加孟什维克取消派《社会民主党人呼声报》编辑部。1912 年加入"八月联盟"。第一次世界大战期间表面上是中派,实际持社会沙文主义立场;曾参加齐美尔瓦尔德代表会议和昆塔尔代表会议,属于右翼。1917 年二月革命后任彼得格勒苏维埃执行委员会委员,支持资产阶级临时政府。十月革命后侨居国外,反对苏维埃政权,鼓吹武装干涉苏维埃俄国。——54。

阿斯奎斯,赫伯特·亨利(Asquith, Herbert Henry 1852—1928)——英国国务活动家,自由党领袖之一。1886 年首次当选为议会议员。1892 年起多次担任大臣职务,1908—1916 年任首相。反映英国帝国主义资产阶级的观点及其兼并意图,推行对外扩张、镇压工人运动和民族解放运动的政策。阿斯奎斯政府对第一次世界大战的爆发起了推动作用。第一次世界大战结束后领导反对同保守党人联合的自由党人。1924 年议会竞选失败后,在政治上不再起重要作用。——64、68。

埃勒,卡尔——见劳芬贝格,亨利希。

奥斯特尔利茨,弗里德里希(Austerlitz, Friedrich 1862—1931)——奥地利社会民主党领袖之一,该党中央机关报《工人报》主编,议员。第一次世界大战期间持社会沙文主义立场。——12。

B

巴布什金,伊万·瓦西里耶维奇(Бабушкин, Иван Васильевич 1873—1906)——俄国工人,职业革命家,布尔什维克。1891 年起在彼得堡谢米扬尼科夫工厂当钳工。1894 年加入列宁领导的工人马克思主义小组。曾参加列宁起草的社会民主党第一份鼓动传单《告谢米扬尼科夫工厂工人书》的撰写工作,并在厂内散发。从彼得堡工人阶级解放斗争协会建立时起,就是该协会最积极的会员和列宁最亲密的助手。参加列宁的《火星报》的组织工作,是该报首批代办员之一和通讯员。1902 年受党的委派到工人团体中进行革命工作,参加反对经济派和祖巴托夫分子的斗争,使工人摆脱祖巴托夫"警察社会主义"的影响。多次被捕、流放和监禁。参加 1905—1907 年革命,是俄国社会民主工党伊尔库茨克委员会和赤塔委员会委员,赤塔武装起义的领导人之一。1906 年 1 月从赤塔到伊尔库茨克运送武器时被讨伐队捕获,未经审讯即被枪杀。列宁为巴布什金写了悼文,高度评价他忠于革命的精神。——37。

鲍威尔,奥托(Bauer,Otto 1882—1938)——奥地利社会民主党和第二国际领袖之一,"奥地利马克思主义"理论家。同卡·伦纳一起提出资产阶级民族主义的民族文化自治论。1907年起任社会民主党议会党团秘书,同年参与创办党的理论刊物《斗争》杂志。1912年起任党中央机关报《工人报》编辑。第一次世界大战期间应征入伍,在俄国前线被俘。俄国1917年二月革命后在彼得格勒,同年9月回国。敌视俄国十月革命。1918年11月—1919年7月任奥地利共和国外交部长,赞成德奥合并。1920年在维也纳出版反布尔什维主义的《布尔什维主义还是社会民主主义?》一书。1920年起为国民议会议员。第二半国际和社会主义工人国际的组织者和领袖之一。曾参与制定和推行奥地利社会民主党的机会主义路线,使奥地利工人阶级的革命斗争遭受严重损失。晚年修正了自己的某些改良主义观点。——4、12、19、53、59、84。

倍倍尔,奥古斯特(Bebel,August 1840—1913)——德国工人运动和国际工人运动活动家,德国社会民主党和第二国际的创建人和领袖之一,马克思和恩格斯的朋友和战友;旋工出身。19世纪60年代前半期开始参加政治活动,1867年当选为德国工人协会联合会主席,1868年该联合会加入第一国际。1869年与威·李卜克内西共同创建了德国社会民主工党(爱森纳赫派),该党于1875年与拉萨尔派合并为德国社会主义工人党,后又改名为德国社会民主党。多次当选国会议员,利用国会讲坛揭露帝国政府反动的内外政策。1870—1871年普法战争期间持国际主义立场,在国会中投票反对军事拨款,支持巴黎公社,为此曾被捕和被控叛国,断断续续在狱中度过近六年时间。在反社会党人非常法施行时期,领导了党的地下活动和议会活动。19世纪90年代和20世纪初同党内的改良主义和修正主义进行斗争,反对伯恩施坦及其拥护者对马克思主义理论的歪曲和庸俗化。是出色的政论家和演说家,对德国和欧洲工人运动的发展有很大影响。马克思和恩格斯高度评价了他的活动。——16。

波特列索夫,亚历山大·尼古拉耶维奇(Потресов,Александр Николаевич 1869—1934)——俄国孟什克领袖之一。19世纪90年代初参加马克思主义小组。1896年加入彼得堡工人阶级解放斗争协会,后被捕,1898年流放维亚特卡省。1900年出国,参与创办《火星报》和《曙光》杂志。在俄国社会民主工党第二次代表大会上是《火星报》编辑部有发言权的代表,属火星派少数派,会后是孟什维克刊物的主要撰稿人和领导人。斯托雷平反动时期和新的革命高涨年代是取消派思想家,在《复兴》杂志和《我们的曙光》杂志中起领导作用。第一次世界大战期间是社会沙文主义者。1917年在反布尔什维克的资产阶级《日报》中起领导作用。十月革命后侨居国外,为克伦斯基的《白日》周刊撰稿,攻击苏维埃政权。——54。

伯恩施坦,爱德华(Bernstein, Eduard 1850—1932)——德国社会民主党和第二国际右翼领袖之一,修正主义的代表人物。1872年加入社会民主党,曾是欧·杜林的信徒。1879年和卡·赫希柏格、卡·施拉姆在苏黎世发表《德国社会主义运动的回顾》一文,指责党的革命策略,主张放弃革命斗争,适应俾斯麦制度,受到马克思和恩格斯的严厉批评。1881—1890年任党的中央机关报《社会民主党人报》编辑。从90年代中期起完全同马克思主义决裂。1896—1898年以《社会主义问题》为题在《新时代》杂志上发表一组文章,1899年发表《社会主义的前提和社会民主党的任务》一书,从经济、政治和哲学方面对马克思主义的理论和策略作了全面的修正。1902年起为国会议员。第一次世界大战期间持中派立场。1917年参加德国独立社会民主党,1919年公开转到右派方面。1918年十一月革命失败后出任艾伯特—谢德曼政府的财政部长助理。——15。

博尔迪加,阿马德奥(Bordiga, Amadeo 1889—1970)——意大利政治活动家。1910年加入意大利社会党,领导党内接近无政府主义的派别。第一次世界大战期间是社会党革命派领袖之一,该派要求把同资产阶级合作的改良派开除出党。1919年提出抵制资产阶级议会的纲领,领导所谓"共产主义者抵制派"。曾出席共产国际第二次代表大会。1921年参与创建意大利共产党,1926年以前为该党领导机关成员;实行左倾宗派主义政策,反对共产国际关于建立反法西斯统一战线的策略。后宣扬托洛茨基主义观点,进行反对意大利共产党路线的派别活动,为此于1930年被开除出党。——48、93。

布哈林,尼古拉·伊万诺维奇(Бухарин, Николай Иванович 1888—1938)——1906年加入俄国社会民主工党。1907年进入莫斯科大学法律系经济学专业学习。1908年起任党的莫斯科委员会委员。1909—1910年几度被捕,1911年从流放地逃往欧洲。在国外开始著述活动,参加欧洲工人运动。

1917 年二月革命后回国,当选为莫斯科苏维埃执行委员会委员、党的莫斯科委员会委员,任《社会民主党人报》和《斯巴达克》杂志编辑。在党的第六至第十六次代表大会上当选为中央委员。1917 年 10 月起任莫斯科军事革命委员会委员,参与领导莫斯科的武装起义。同年 12 月起任《真理报》主编。1918 年初反对签订布列斯特和约,是"左派共产主义者"集团的领袖。1919 年 3 月当选为党中央政治局候补委员。1919 年共产国际成立后任共产国际执行委员会委员和主席团委员。1920—1921 年工会问题争论期间领导"缓冲"派。1924 年 6 月当选为中央政治局委员。1926—1929 年主持共产国际的工作。1929 年被作为"右倾派别集团"的领袖受到批判,同年被撤销《真理报》主编、中央政治局委员、共产国际执行委员会委员和主席团委员职务。1931 年起任苏联最高国民经济委员会主席团委员。1934—1937 年任《消息报》主编。1934 年当选为候补中央委员。1937 年 3 月被开除出党。1938 年 3 月 13 日被苏联最高法院军事审判庭以"参与托洛茨基的恐怖、间谍和破坏活动"的罪名判处枪决。1988 年平反并恢复党籍。——18。

布朗基,路易·奥古斯特(Blanqui, Louis-Auguste 1805—1881)——法国革命家,空想共产主义的代表人物。曾参加巴黎 1830—1870 年间的各次起义和革命,组织并领导四季社以及其他秘密革命团体。在从事革命活动的 50 多年间,有 30 余年是在狱中度过的。1871 年巴黎公社时期被反动派囚禁在凡尔赛,缺席当选为公社委员。憎恨资本主义制度,但不懂得组织工人革命政党和依靠广大群众的重要意义,认为只靠少数人密谋,组织暴动,即可推翻旧社会,建立新社会。——49、72。

C

查苏利奇,维拉·伊万诺夫娜(Засулич, Вера Ивановна 1849—1919)——俄国民粹主义运动和社会民主主义运动活动家。1868 年在彼得堡参加革命小组。1878 年 1 月 24 日开枪打伤下令鞭打在押革命学生的彼得堡市长费·费·特列波夫。1879 年加入土地平分社。1880 年侨居国外,逐步同民粹主义决裂,转到马克思主义立场。1883 年参与创建劳动解放社。80—90 年代翻译了马克思的《哲学的贫困》和恩格斯的《社会主义从空想到科学的发展》,写了《国际工人协会史纲要》等著作;为劳动解放社的出版物以及《新言论》和《科学评论》等杂志撰稿,发表过一系列文艺批评文章。1900
年起是《火星报》和《曙光》杂志编辑部成员。在俄国社会民主工党第二次
代表大会上是《火星报》编辑部有发言权的代表,属火星派少数派,会后成
为孟什维克领袖之一,参加孟什维克的《火星报》编辑部。1905 年回国。
斯托雷平反动时期和新的革命高涨年代是取消派分子。第一次世界大战
期间是社会沙文主义者。1917 年是孟什维克统一派分子。对十月革命持
否定态度。——54。

车尔尼雪夫斯基,尼古拉·加甫里洛维奇(Чернышевский, Николай Гаврилович
　1828—1889)——俄国革命民主主义者和空想社会主义者,作家,文学评论
家,经济学家,哲学家;俄国社会民主主义先驱之一,俄国 19 世纪 60 年代革
命运动的领袖。1853 年开始为《祖国纪事》和《同时代人》等杂志撰稿,
1856—1862 是《同时代人》杂志的领导人之一,发扬别林斯基的民主主
义批判传统,宣传农民革命思想,是土地和自由社的思想鼓舞者。因揭露
1861 年农民改革的骗局,号召人民起义,于 1862 年被沙皇政府逮捕,入狱
两年,后被送到西伯利亚服苦役。1883 年解除流放,1889 年被允许回家
乡居住。著述很多,涉及哲学、经济学、教育学、美学、伦理学等领域。在
哲学上批判了贝克莱、康德、黑格尔等人的唯心主义观点,力图以唯物主
义精神改造黑格尔的辩证法。对资本主义作了深刻的批判,认为社会主
义是由整个人类发展进程所决定的,但作为空想社会主义者,又认为俄国
有可能通过农民村社过渡到社会主义。所著长篇小说《怎么办?》(1863)
和《序幕》(约 1867—1869)表达了社会主义理想,产生了巨大的革命影
响。——54。

D

德莱昂,丹尼尔(De Leon, Daniel 1852—1914)——美国工人运动活动家,政
论家。出生于加勒比海的库拉索岛,1872 年移居美国。1890 年加入社会
主义工人党,很快成为该党的领袖和思想家。1895 年成立包括熟练工人和
非熟练工人在内的社会主义熟练和非熟练工人同盟。1905 年参与创建世
界产业工人联合会。捍卫阶级斗争思想,反对工联主义和改良主义,同工
会运动中的机会主义领袖作过斗争;同时也犯过宗派主义的错误,否认党
在工人运动中的领导作用和无产阶级专政的必要性,宣传过无政府工团主

义观点。——35。

邓尼金,安东·伊万诺维奇(Деникин, Антон Иванович 1872—1947)——沙俄将军。第一次世界大战期间曾任旅长和师长。1917 年 4—5 月任俄军最高总司令的参谋长,后任西方面军司令和西南方面军司令。积极参加科尔尼洛夫叛乱。十月革命后参与组建白卫志愿军,1918 年 4 月起任志愿军司令。在协约国扶植下,1919 年 1 月起任"南俄武装力量"总司令。1919 年夏秋进犯莫斯科,被击溃后率残部退到克里木。1920 年 4 月将指挥权交给弗兰格尔,自己逃亡国外。——21、28、29、44。

狄慈根,约瑟夫(Dietzgen, Joseph 1828—1888)——德国社会民主党人,哲学家,制革工人。曾参加 1848 年革命,革命失败后流亡国外。漂泊美国和欧洲 20 年,一面做工,一面从事哲学研究。1869 年回到德国,结识了前来德国访友的马克思,积极参加德国社会民主党的工作。1884 年再度去美国,曾主编北美社会主义工人党机关报《社会主义者报》。在哲学上独立地得出了辩证唯物主义的结论,尖锐地批判了哲学唯心主义和庸俗唯物主义,捍卫了认识论中的唯物主义反映论,同时也夸大人类知识的相对性,把物质和意识混为一谈。主要著作有《人脑活动的实质》(1869)、《一个社会主义者在认识论领域中的漫游》(1887)、《哲学的成果》(1887)等。1919 年在斯图加特出版了《狄慈根全集》(共三卷)。——44。

杜果尼,恩里科(Dugoni, Enrico 1874—1945)——意大利社会党人。20 世纪初属意大利社会党左翼。第一次世界大战前夕参加了屠拉梯—特雷维斯的改良派。1913 年起多次当选为议员。1919—1921 年担任农业劳动者全国联合会领导职务期间,阻挠意大利群众性农民运动的开展。1920 年作为意大利社会党人代表团成员访问了苏维埃俄国。回国后著书诽谤俄国革命。1922 年意大利法西斯上台后脱离政治活动。——92。

E

恩格斯,弗里德里希(Engels, Friedrich 1820—1895)——科学共产主义创始人之一,世界无产阶级的领袖和导师,马克思的亲密战友。—— 16、24、35、48—50、53。

G

盖得,茹尔(**巴西尔,马蒂厄**)(Guesde, Jules（Basile, Mathieu）1845—
1922)——法国工人运动和国际工人运动活动家,法国工人党创建人之一,
第二国际的组织者和领袖之一。19 世纪 60 年代是资产阶级共和主义者。
拥护 1871 年的巴黎公社。公社失败后流亡瑞士和意大利,一度追随无政
府主义者。1876 年回国。在马克思和恩格斯影响下逐步转向马克思主义。
1877 年 11 月创办《平等报》,宣传社会主义思想,为 1879 年法国工人党的
建立作了思想准备。1880 年和拉法格一起在马克思和恩格斯指导下起草
了法国工人党纲领。1880—1901 年领导法国工人党,同无政府主义者和可
能派进行坚决斗争。1889 年积极参加创建第二国际的活动。1893 年当选
为众议员。1899 年反对米勒兰参加资产阶级内阁。1901 年与其拥护者建
立了法兰西社会党,该党于 1905 年同改良主义的法国社会党合并,盖得为
统一的法国社会党领袖之一。20 世纪初逐渐转向中派立场。第一次世界
大战一开始即采取社会沙文主义立场,参加了法国资产阶级政府。1920 年
法国社会党分裂后,支持少数派立场,反对加入共产国际。——49、85。

高尔察克,亚历山大·瓦西里耶维奇(Колчак, Александр Васильевич 1873—
1920)——沙俄海军上将(1916),君主派分子。第一次世界大战期间任波
罗的海舰队作战部部长、水雷总队长,1916—1917 年任黑海舰队司令。
1918 年 10 月抵鄂木斯克,11 月起任白卫军"西伯利亚政府"陆海军部长。
11 月 18 日在外国武装干涉者支持下发动政变,在西伯利亚、乌拉尔和远东
建立军事专政,自封为"俄国最高执政"和陆海军最高统帅。叛乱被平定
后,1919 年 11 月率残部逃往伊尔库茨克,后被俘。1920 年 2 月 7 日根据伊
尔库茨克军事革命委员会的决定被枪决。——21、44。

龚帕斯,赛米尔(Gompers, Samuel 1850—1924)——美国工会运动活动家。生
于英国,1863 年移居美国。1881 年参与创建美国与加拿大有组织的行业
工会和劳工会联合会,该联合会于 1886 年改组为美国劳工联合会(劳联),
龚帕斯当选为美国劳工联合会第一任主席,并担任此职直至逝世(1895 年
除外)。实行同资本家进行阶级合作的政策,反对工人阶级参加政治斗争。
第一次世界大战期间是社会沙文主义者。敌视俄国十月革命和苏维埃俄
国。——33、36、37。

H

海德门,亨利·迈尔斯(Hyndman, Henry Mayers 1842—1921)——英国社会党人。1881 年创建民主联盟(1884 年改组为社会民主联盟),担任领导职务,直至 1892 年。曾同法国可能派一起夺取 1889 年巴黎国际工人代表大会的领导权,但未能得逞。1900—1910 年是社会党国际局成员。1911 年参与创建英国社会党,领导该党机会主义派。第一次世界大战期间是社会沙文主义者。1916 年英国社会党代表大会谴责他的社会沙文主义立场后,退出社会党。敌视俄国十月革命,赞成武装干涉苏维埃俄国。——85。

韩德逊,阿瑟(Henderson, Arthur 1863—1935)——英国工党和工会运动领袖之一。1903 年起为议员,1908—1910 年和 1914—1917 年任工党议会党团主席,1911—1934 年任工党书记。第一次世界大战期间是社会沙文主义者。1915—1917 年先后参加阿斯奎斯政府和劳合-乔治政府,任教育大臣、邮政大臣和不管部大臣等职。俄国 1917 年二月革命后到俄国鼓吹继续进行战争。1919 年参与组织伯尔尼国际。1923 年起任社会主义工人国际执行委员会主席。1924 年和 1929—1931 年两次参加麦克唐纳政府,先后任内务大臣和外交大臣。——33、36、37、61、63、66—71、77、90。

赫尔曼,拉迪斯劳斯(L.L.)(Hermann, Ladislaus(L.L.)死于 1962 年)——奥地利政论家。1919—1920 年为奥地利共产党党员,党中央机关报《红旗报》撰稿人和编委。1920 年退党。后移居德国,加入德国社会民主党。之后又移居瑞典。——91。

怀恩科普,戴维(Wijnkoop, David 1877—1941)——荷兰左派社会民主党人,后为共产党人。1907 年是荷兰社会民主工党左翼刊物《论坛报》创办人之一,后任该报主编。1909 年参与创建荷兰社会民主党,并任该党主席。第一次世界大战期间是国际主义者,曾为齐美尔瓦尔德左派理论刊物《先驱》杂志撰稿。1918—1925 年和 1929 年起为议员。1918 年参与创建荷兰共产党,并任该党主席。在共产国际第二次代表大会上当选为共产国际执行委员会委员。1925 年从极左的宗派主义立场出发反对荷兰共产党和共产国际的政策,为此于 1926 年被开除出荷兰共产党。1930 年重新入党,1935年当选为中央委员。——98—99。

霍格伦,卡尔·塞特·康斯坦丁(Höglund, Carl Zeth Konstantin 1884—
1956)——瑞典社会民主党人,瑞典社会民主主义运动和青年社会主义运动的左翼领袖。1908—1918 年任《警钟报》编辑。第一次世界大战期间是国际主义者,参加齐美尔瓦尔德左派。1916 年因进行反战宣传被捕入狱。1917 年参与创建瑞典共产党,1917 年和 1919—1924 年任该党主席。1924 年因犯机会主义错误和公开反对共产国际第五次代表大会的决议,被开除出瑞典共产党。1926 年回到社会民主党。——47。

霍纳,克·——见潘涅库克,安东尼。

J

加拉赫,威廉(Gallacher, William 1881—1965)——英国工人运动活动家,英国共产党领导人之一。第一次世界大战期间领导英国无产阶级群众性的车间代表运动和苏格兰工人罢工运动。1920 年是英国车间代表运动出席共产国际第二次代表大会的代表。犯过左倾宗派主义的错误,反对共产党人参加资产阶级议会和加入工党;但很快改正了错误。1921 年加入英国共产党,多次当选为党的中央委员和政治局委员。1924 年起是英国工联内反对工联领袖和工党领袖的改良主义政策的"少数派运动"的领导人之一。1935—1950 年为议会议员。1943—1956 年任英国共产党执行委员会主席,1956—1963 年任英共主席,1963 年起是英共执行委员会名誉委员。——61—62、64、70。

K

卡普,沃尔弗冈(Kapp, Wolfgang 1858—1922)——德国容克和帝国主义军阀的代表人物。1917 年参与创建反动的祖国党。1920 年 3 月领导反革命君主派发动军事政变,企图推翻共和国政府,恢复君主制度。暴动分子一度占领柏林,成立了以卡普为首的政府。政变失败后逃往瑞典。1922 年回国。——76、89、91。

考茨基,卡尔(Kautsky, Karl 1854—1938)——德国社会民主党和第二国际的领袖和主要理论家之一。1875 年加入奥地利社会民主党,1877 年加入德国社会民主党。1881 年与马克思和恩格斯相识后,在他们的影响下逐渐转向马克思主义。从 19 世纪 80 年代到 20 世纪初写过一些宣传和解释马克思主义的著作:《卡尔·马克思的经济学说》(1887)、《土地问题》(1899)等。但在这个时期已表现出向机会主义方面摇摆,在批判伯恩施坦时作了很多让步。1883—1917 年任德国社会民主党理论刊物《新时代》杂志主编。曾参与起草 1891 年德国社会民主党纲领(爱尔福特纲领)。1910 年以后逐渐转到机会主义立场,成为中派领袖。第一次世界大战前夕提出超帝国主义论,大战期间打着中派旗号支持帝国主义战争。1917 年参与建立德国独立社会民主党,1922 年拥护该党右翼与德国社会民主党合并。1918年后发表《无产阶级专政》等书,攻击俄国十月革命,反对无产阶级专政。——4—5、12、16、53、56、58—59、84、90、91。

科尔尼洛夫,拉甫尔·格奥尔吉耶维奇(Корнилов, Лавр Георгиевич 1870—1918)——沙俄将军,君主派分子。第一次世界大战期间曾任师长和军长。1917 年二月革命后任彼得格勒军区司令,5—7 月任第 8 集团军和西南方面军司令。1917 年 7 月 19 日(8 月 1 日)—8 月 27 日(9 月 9 日)任最高总司令。8 月底发动叛乱,进军彼得格勒,企图建立反革命军事专政。叛乱很快被粉碎,本人被捕入狱。11 月逃往新切尔卡斯克,和米·瓦·阿列克谢耶夫一起组建和领导白卫志愿军。1918 年 4 月在进攻叶卡捷琳诺达尔时被击毙。——76。

克里斯平,阿尔图尔(Crispien, Artur 1875—1946)——德国社会民主党领袖之一,政论家。1917—1922 年领导德国独立社会民主党右翼。1920 年作为独立党代表团的成员出席共产国际第二次代表大会。回国后反对加入共产国际。1922 年回到德国社会民主党,成为该党中央委员。法西斯上台后移居瑞士。——16、56、90—91。

克林兹,约翰·罗伯特(Clynes, John Robert 1869—1949)——英国政治活动家,英国工党领袖之一。19 世纪 90 年代成为工联主义领袖。1893 年加入独立工党。1906—1931 年和 1935—1945 年为议员。第一次世界大战期间是社会沙文主义者。1918 年任粮食大臣。在麦克唐纳工党政府中任掌玺大臣(1924)和内务大臣(1929—1931),参与推行反劳工政策。——63。

克伦斯基,亚历山大·费多罗维奇(Керенский, Александр Федорович 1881—1970)——俄国政治活动家,资产阶级临时政府首脑。1917 年 3 月起为社会革命党人。第四届国家杜马代表,劳动派党团领袖。第一次世界大战期间是护国派分子。1917 年二月革命后任彼得格勒工兵代表苏维埃副主席、国家杜马临时委员会委员。在临时政府中任司法部长(3—5 月)、陆海军部长(5—9 月)、总理(7 月 21 日起)兼最高总司令(9 月 12 日起)。执政期间继续进行帝国主义战争,七月事变时镇压工人和士兵,迫害布尔什维克。1917 年 11 月 7 日彼得格勒爆发武装起义时,从首都逃往前线,纠集部队向彼得格勒进犯,失败后逃亡巴黎。在国外参加白俄流亡分子的反革命活动,1922—1932 年编辑《白日》周刊。1940 年移居美国。——21、28、55、66、82。

L

拉狄克,卡尔·伯恩哈多维奇(Радек, Карл Бернгардович 1885—1939)——生于东加利西亚。20 世纪初参加加利西亚、波兰和德国的社会民主主义运动。1901 年起为加利西亚社会民主党的积极成员,1904—1908 年在波兰王国和立陶宛社会民主党内工作。1908 年到柏林,为德国左派社会民主党人的报刊撰稿。第一次世界大战期间持国际主义立场,但表现出向中派方面动摇。1917 年加入俄国社会民主工党(布)。十月革命后在外交人民委员部工作。1918 年是"左派共产主义者"。在党的第八至第十二次代表大会上当选为中央委员。1920—1924 年任共产国际执行委员会书记、委员和主席团委员。1923 年起属托洛茨基反对派。1925—1927 年任莫斯科中山大学校长。长期为《真理报》、《消息报》和其他报刊撰稿。1927 年被开除出党,1930 年恢复党籍,1936 年被再次开除出党。1937 年 1 月被苏联最高法院军事审判庭以"进行叛国、间谍、军事破坏和恐怖活动"的罪名判处十年监禁。1939 年死于狱中。1988 年 6 月苏联最高法院为其平反。——18。

兰斯伯里,乔治(Lansbury, George 1859—1940)——英国工党领袖之一。1892 年加入社会民主联盟,1906 年加入工党。1910—1912 年和 1922—1940 年为议员。1912—1922 年任《每日先驱报》社长。1929—1931 年任公共工程大臣。1931—1935 年任工党主席。——18、50。

劳芬贝格,亨利希(埃勒,卡尔)(Laufenberg, Heinrich (Erler, Karl) 1872—1932)——德国左派社会民主党人,政论家。曾任社会民主党《杜塞尔多夫人民报》(1904—1907)编辑。第一次世界大战期间持国际主义立场。1918

年十一月革命后加入德国共产党,不久领导党内"左派"反对派,宣扬无政府工团主义观点和所谓"民族布尔什维主义"的小资产阶级民族主义纲领。1919年10月"左派"反对派被开除出共产党后,参与组织德国共产主义工人党,1920年底被该党开除。后脱离工人运动,为一些无政府主义刊物撰稿,写过有关文化问题的文章。——25、58。

劳合-乔治,戴维(Lloyd George,David 1863—1945)——英国国务活动家和外交家,自由党领袖。1890年起为议员。1905—1908年任商业大臣,1908—1915年任财政大臣。对英国政府策划第一次世界大战的政策有很大影响。曾提倡实行社会保险等措施,企图利用谎言和许诺来阻止工人阶级建立革命政党。1916—1922年任首相,残酷镇压殖民地和附属国的民族解放运动;是武装干涉和封锁苏维埃俄国的鼓吹者和策划者之一。曾参加1919年巴黎和会,是凡尔赛和约的炮制者之一。——63—64、66、67、68、69、71、77。

累德堡,格奥尔格(Ledebour,Georg 1850—1947)——德国工人运动活动家,德国独立社会民主党创建人和领袖之一。1900—1918年和1920—1924年是国会议员。斯图加特国际社会党代表大会的参加者,在会上反对殖民主义。第一次世界大战期间是中派分子,主张恢复国际的联系;曾出席齐美尔瓦尔德代表会议,参加齐美尔瓦尔德右派。德国社会民主党分裂后,1916年加入帝国国会的社会民主党工作小组,该小组于1917年构成德国独立社会民主党的基本核心。曾参加1918年十一月革命。1920—1924年在国会中领导了一个人数不多的独立集团。1931年加入社会主义工人党。希特勒上台后流亡瑞士。——16、56。

李卜克内西,卡尔(Liebknecht,Karl 1871—1919)——德国工人运动和国际工人运动活动家,德国社会民主党左翼领袖之一,德国共产党创建人之一;威·李卜克内西的儿子;职业是律师。1900年加入社会民主党,积极反对机会主义和军国主义。1912年当选为帝国国会议员。第一次世界大战期间持国际主义立场,反对支持本国政府进行掠夺战争。1914年12月2日是国会中唯一投票反对军事拨款的议员。是国际派(后改称斯巴达克派和斯巴达克联盟)的组织者和领导人之一。1916年因领导五一节反战游行示威被捕入狱。1918年10月出狱,领导了1918年十一月革命,与卢森堡一起创办《红旗报》,同年底领导建立德国共产党。1919 年 1 月柏林工人斗争被镇压后,于 15 日被捕,当天惨遭杀害。——39、47。

列金,卡尔(Legien,Karl 1861—1920)——德国右派社会民主党人,德国工会领袖之一。1890 年起任德国工会总委员会主席。1903 年起任国际工会书记处书记,1913 年起任主席。1893—1920 年(有间断)为德国社会民主党国会议员。1919—1920 年为魏玛共和国国民议会议员。第一次世界大战期间是社会沙文主义者。1918 年十一月革命期间同其他右派社会民主党人一起推行镇压革命运动的政策。——15、33、36、37。

L.L.——见赫尔曼,拉迪斯劳斯。

列诺得尔,皮埃尔(Renaudel,Pierre 1871—1935)——法国社会党右翼领袖之一。1899 年参加社会主义运动。1906—1915 年任《人道报》编辑,1915—1918 年任社长。1914—1919 年和 1924—1935 年为众议员。第一次世界大战期间是社会沙文主义者。反对社会党参加共产国际,主张社会党人参加资产阶级政府。1927 年辞去社会党领导职务,1933 年被开除出党。——19。

龙格,让(Longuet,Jean 1876—1938)——法国社会党和第二国际领袖之一,政论家;沙尔·龙格和燕妮·马克思的儿子。19 世纪末至 20 世纪初积极为法国和国际的社会主义报刊撰稿。1914 年和 1924 年当选为众议员。第一次世界大战期间持中派和平主义立场。是法国中派分子的报纸《人民报》的创办人(1916)和编辑之一。谴责外国武装干涉苏维埃俄国。反对法国社会党加入共产国际,反对建立法国共产党。1920 年起是法国社会党中派领袖之一。1921 年起是第二半国际执行委员会委员。1923 年起是社会主义工人国际领导人之一。30 年代主张社会党人和共产党人联合起来反对法西斯主义,参加了反法西斯和反战的国际组织。——12、19。

卢森堡,罗莎(Luxemburg,Rosa 1871—1919)——德国、波兰和国际工人运动活动家,德国社会民主党和第二国际左翼领袖和理论家之一,德国共产党创建人之一。生于波兰。19 世纪 80 年代后半期开始革命活动,1893 年参与创建和领导波兰王国社会民主党,为党的领袖之一。1898 年移居德国,积极参加德国社会民主党的活动,反对伯恩施坦主义和米勒兰主义。曾参加俄国第一次革命(在华沙)。1907 年参加俄国社会民主工党第五次(伦敦)代表大会,在会上支持布尔什维克。斯托雷平反动时期和新的革命高涨年代对取消派采取调和主义态度。1912 年波兰王国和立陶宛社会民主党分裂后,曾谴责最接近布尔什维克的所谓分裂派。第一次世界大战期间持国际主义立场,是建立国际派(后改称斯巴达克派和斯巴达克联盟)的发起人之一。参加领导了德国 1918 年十一月革命,同年底参与领导德国共产党成立大会,作了党纲报告。1919 年 1 月柏林工人斗争被镇压后,于 15 日被捕,当天惨遭杀害。主要著作有《社会改良还是革命》(1899)、《俄国社会民主党的组织问题》(1904)、《资本积累》(1913)等。——39。

吕特维茨,瓦尔特(Lüttwitz, Walter 1859—1942)——德国将军,男爵,德国帝国主义军阀的代表人物之一。第一次世界大战期间曾任德国一些集团军和军的参谋长和司令。1918 年 12 月起任勃兰登堡省驻军总司令,残酷镇压柏林无产阶级革命运动。1919 年夏起任全德部队司令。1920 年 3 月是策动在德国恢复君主制度和建立军事专政的"卡普叛乱"的首领之一。叛乱失败后逃往国外。1925 年获赦。——89、91。

伦纳,卡尔(Renner, Karl 1870—1950)——奥地利政治活动家,奥地利社会民主党右翼领袖,"奥地利马克思主义"理论家。同奥·鲍威尔一起提出资产阶级民族主义的民族文化自治论。1907 年起为社会民主党议员,同年参与创办党的理论刊物《斗争》杂志并任编辑。第一次世界大战期间是社会沙文主义者。1918—1920 年任奥地利共和国总理,赞成德奥合并。1931—1933 年任国民议会议长。1945 年出任临时政府总理,同年 12 月当选为奥地利共和国总统,直至 1950 年 12 月去世。——12、19。

罗将柯,米哈伊尔·弗拉基米罗维奇(Родзянко, Михаил Владимирович 1859—1924)——俄国大地主,十月党领袖之一,君主派分子。20 世纪初曾任叶卡捷琳诺斯拉夫省地方自治局主席。1911—1917 年先后任第三届和第四届国家杜马主席,支持沙皇政府的反动政策。1917 年二月革命期间力图保持君主制度,组织并领导了国家杜马临时委员会,后参与策划科尔尼洛夫叛乱。十月革命后投靠科尔尼洛夫和邓尼金,企图联合一切反革命势力颠覆苏维埃政权。1920 年起为白俄流亡分子。——28。

M

马尔托夫,尔·（**策杰尔包姆,尤利·奥西波维奇**）（Мартов, Л. (Цедербаум, Юлий Осипович) 1873 — 1923)——俄国孟什维克领袖之一。1895 年参与组织彼得堡工人阶级解放斗争协会。1896 年被捕并流放图鲁汉斯克三年。1900 年参与创办《火星报》，为该报编辑部成员。在俄国社会民主工党第二次代表大会上是《火星报》组织的代表，领导机会主义少数派，反对列宁的建党原则；从那时起成为孟什维克中央机关的领导成员和孟什维克报刊的编辑。曾参加党的第五次（伦敦）代表大会的工作。斯托雷平反动时期和新的革命高涨年代是取消派分子，编辑《社会民主党人呼声报》，参与组织"八月联盟"。第一次世界大战期间是中派分子，参加齐美尔瓦尔德代表会议和昆塔尔代表会议。曾参加孟什维克组织委员会国外书记处，为书记处编辑机关刊物。1917 年二月革命后领导孟什维克国际主义派。十月革命后反对镇压反革命和解散立宪会议。1919 年当选为全俄中央执行委员会委员，1919—1920 年为莫斯科苏维埃代表。1920 年 9 月侨居德国。参与组织第二半国际，在柏林创办和编辑孟什维克杂志《社会主义通报》。
——54、55。

马克思,卡尔（Marx, Karl 1818—1883)——科学共产主义的创始人，世界无产阶级的领袖和导师。——16、24、35、49、53、84。

马林诺夫斯基,罗曼·瓦茨拉沃维奇（Малиновский, Роман Вацлавович 1876—1918)——俄国社会民主主义运动中的奸细，莫斯科保安处密探；职业是五金工人。1906 年出于个人动机参加工人运动，后来混入俄国社会民主工党；曾任工人委员会委员和五金工会理事会书记。1907 年起主动向警察局提供情报，1910 年被录用为沙皇保安机关密探。在党内曾担任多种重要职务，1912 年在党的第六次（布拉格）全国代表会议上当选为中央委员。在保安机关暗中支持下，当选为第四届国家杜马莫斯科省工人选民团的代表，1913 年任布尔什维克杜马党团主席。1914 年辞去杜马职务，到了国外。1917 年 6 月，他同保安机关的关系被揭穿后，1918 年回国，被捕后由全俄中央执行委员会最高法庭判处枪决。——27—28。

麦克唐纳,詹姆斯·拉姆赛（MacDonald, James Ramsay 1866—1937)——英国

政治活动家,英国工党创建人和领袖之一。1885 年加入社会民主联盟。1886 年加入费边社。1894 年加入独立工党,1906—1909 年任该党主席。1900 年当选为劳工代表委员会书记,该委员会于 1906 年改建为工党。1906 年起为议员,1911—1914 年和 1922—1931 年任工党议会党团主席。推行机会主义政策,鼓吹阶级合作和资本主义逐渐长入社会主义的理论。第一次世界大战初期采取和平主义立场,后来公开支持劳合-乔治政府进行帝国主义战争。1918—1920 年竭力破坏英国工人反对武装干涉苏维埃俄国的斗争。1924 年和 1929—1931 年先后任第一届和第二届工党政府首相。1931—1935 年领导由保守党决策的国民联合政府。——61、63。

梅尔黑姆,阿尔丰斯(Merrheim, Alphonse 1881—1925)——法国工会活动家,工团主义者。1905 年起为法国五金工人联合会和法国劳动总联合会领导人之一。第一次世界大战初期是反对社会沙文主义和帝国主义战争的法国工团主义运动左翼领导人之一;曾参加齐美尔瓦尔德代表会议,属齐美尔瓦尔德右派。当时已表现动摇并害怕同社会沙文主义者彻底决裂,1916 年底转向中派和平主义立场,1918 年初转到公开的社会沙文主义和改良主义立场。——33、95。

莫迪利扬尼,维多利奥·埃曼努埃勒(Modigliani, Vittorio Emanuele 1872—1947)——意大利社会党最早的党员之一,改良主义者;职业是律师。1913—1926 年为众议员。第一次世界大战期间是中派分子。曾参加齐美尔瓦尔德代表会议和昆塔尔代表会议,反对齐美尔瓦尔德左派。1922 年是改良主义的统一社会党的创建人之一。1926 年流亡法国,编辑意大利改良派侨民刊物《新生的社会党人》。意大利从德国法西斯占领下解放后,于1944 年回国。——92。

N

纳坦松,马尔克·安德列耶维奇(Натансон, Марк Андреевич 1851—1919)——俄国革命民粹派代表人物,后为社会革命党人。1869 年参加革命运动,是土地和自由社的创建人之一。1869—1877 年四次被捕,1879—1889 年流放西伯利亚。1893 年积极参与创建民权党。1905 年加入社会革命党,为该党中央委员。1907—1917 年十月革命前侨居国外。第一次世界大战期间采取不彻底的国际主义立场,向中派方面动摇。1917 年二月革命后是左派社会革命党的组织者和领袖之一。1918 年左派社会革命党人叛乱后，与该党决裂，组织"革命共产党"，主张同布尔什维克合作。曾任全俄中央执行委员会主席团委员。——55。

诺斯克，古斯塔夫（Noske, Gustav 1868—1946）——德国社会民主党右翼领袖之一。第一次世界大战爆发前就维护军国主义，大战期间是社会沙文主义者，在国会中投票赞成军事拨款。1918 年 12 月任人民代表委员会负责国防的委员，血腥镇压了 1919 年柏林、不来梅及其他城市的工人斗争。1919 年 2 月—1920 年 3 月任国防部长，卡普叛乱平息后被迫辞职。1920—1933 年任普鲁士汉诺威省省长。法西斯专政时期从希特勒政府领取国家养老金。——12、61、63、84。

P

潘克赫斯特，西尔维娅·埃斯特尔（Pankhurst, Sylvia Estelle 1882—1960）——英国工人运动活动家。第一次世界大战期间持和平主义立场。俄国十月革命后主张制止帝国主义国家对苏维埃俄国的武装干涉。是极左的工人社会主义联盟的组织者和领袖，编辑联盟刊物《工人无畏舰》周刊。曾参加共产国际第二次代表大会。1921 年加入英国共产党，但不久因拒绝服从党的纪律被开除出党。——60、61、64、65、66、70。

潘涅库克，安东尼（霍纳，克·）（Pannekoek, Antonie（Хорнер, K.）1873—1960）——荷兰工人运动活动家，天文学家。1907 年是荷兰社会民主工党左翼刊物《论坛报》创办人之一。1909 年参与创建荷兰社会民主党。1910 年起与德国左派社会民主党人关系密切，积极为该党的报刊撰稿。第一次世界大战期间是国际主义者，曾参加齐美尔瓦尔德左派理论刊物《先驱》杂志的出版工作。1918—1921 年是荷兰共产党党员，参加共产国际的工作。20 年代初是极左的德国共产主义工人党领袖之一。1921 年退出共产党，不久脱离政治活动。——25、29、58。

普列汉诺夫，格奥尔吉·瓦连廷诺维奇（Плеханов, Георгий Валентинович 1856—1918）——俄国早期的马克思主义理论家，后来成为孟什维克和第二国际机会主义领袖之一。19 世纪 70 年代参加民粹主义运动，是土地和自由社成员及土地平分社领导人之一。1880 年侨居瑞士，逐步同民粹主义决裂。1883 年在日内瓦创建俄国第一个马克思主义团体——劳动解放社。
翻译和介绍了马克思和恩格斯的许多著作,对马克思主义在俄国的传播起
了重要作用;写过不少优秀的马克思主义著作,批判民粹主义、合法马克思
主义、经济主义、伯恩施坦主义、马赫主义。20 世纪初是《火星报》和《曙
光》杂志编辑部成员。曾参与制定俄国社会民主工党纲领草案和参加党的
第二次代表大会的筹备工作。在代表大会上是劳动解放社的代表,属火星
派多数派,参加了大会常务委员会,会后逐渐转向孟什维克。1905 — 1907
年革命时期反对列宁的民主革命的策略,后来在孟什维克和布尔什维克之
间摇摆。在俄国社会民主工党第四次(统一)代表大会上作了关于土地问
题的报告,维护马斯洛夫的孟什维克方案;在国家杜马问题上坚持极右立
场,呼吁支持立宪民主党人的杜马。斯托雷平反动时期和新的革命高涨年
代反对取消主义,领导孟什维克护党派。第一次世界大战期间持社会沙文
主义立场。1917 年二月革命后支持资产阶级临时政府。对十月革命持否
定态度,但拒绝支持反革命。最重要的理论著作有《社会主义与政治斗争》
(1883)、《我们的意见分歧》(1885)、《论一元论历史观之发展》(1895)、
《唯物主义史论丛》(1896)、《论个人在历史上的作用》(1898)、《没有地址
的信》(1899—1900),等等。——15、54、80、85。

Q

切尔诺夫,维克多 · 米哈伊洛维奇(Чернов, Виктор Михайлович 1873 —
1952)——俄国社会革命党领袖和理论家之一。1902—1905 年任社会革命
党中央机关报《革命俄国报》编辑。曾撰文反对马克思主义,企图证明马克
思的理论不适用于农业。第一次世界大战期间持社会沙文主义立场,曾参
加齐美尔瓦尔德代表会议和昆塔尔代表会议。1917 年 5—8 月任临时政府
农业部长,对夺取地主土地的农民实行残酷镇压。敌视十月革命。1918 年
1 月任立宪会议主席;曾领导萨马拉的反革命立宪会议委员会,参与策划反
苏维埃叛乱。1920 年流亡国外,继续反对苏维埃政权。在他的理论著作
中,主观唯心主义和折中主义同修正主义和民粹派的空想混在一起;企
图以资产阶级改良主义的"结构社会主义"对抗科学社会主义。——55。

丘吉尔,温斯顿(Churchill, Winston 1874 — 1965)——英国国务活动家,保守
党领袖。1906—1917 年历任副殖民大臣、商业大臣、内务大臣、海军大臣和

军需大臣。1919—1921 年任陆军大臣和空军大臣,是武装干涉苏维埃俄国的策划者之一。1921—1922 年任殖民大臣。1924—1929 年任财政大臣。1939 年 9 月任海军大臣。1940—1945 年任联合政府首相。1951—1955 年再度出任首相。1955 年辞职后从事著述,写有一些回忆录和历史著作。——66—68、71、77。

R

茹奥,莱昂(Jouhaux,Léon 1879—1954)——法国工会运动和国际工会运动活动家。1909—1940 年和 1945—1947 年任法国劳动总联合会书记,1919—1940 年是阿姆斯特丹工会国际右翼领袖之一。20 世纪初支持无政府工团主义的"极左"口号。第一次世界大战期间是沙文主义者。——33、36、37、95。

S

塞拉蒂,扎钦托·梅诺蒂(Serrati,Giacinto Menotti 1872 或 1876—1926)——意大利工人运动活动家,意大利社会党领导人之一,最高纲领派领袖之一。1892 年加入意大利社会党。与康·拉查理等人一起领导该党中派。曾被捕,先后流亡美国、法国和瑞士,1911 年回国。1914—1922 年任社会党中央机关报《前进报》社长。第一次世界大战期间是国际主义者,曾参加齐美尔瓦尔德代表会议和昆塔尔代表会议。共产国际成立后,坚决主张意大利社会党参加共产国际。1920 年率领意大利社会党代表团出席共产国际第二次代表大会;在讨论加入共产国际的条件时,反对同改良主义者无条件决裂。他的错误立场受到列宁的批评,不久即改正了错误。1924 年带领社会党内的第三国际派加入意大利共产党。——48。

施勒德尔,卡尔(Schröder,Karl 1884—1950)——德国左派社会民主党人,作家和政论家。德国 1918 年十一月革命后加入德国共产党。参加党内的劳芬贝格—沃尔弗海姆"左派"反对派,宣扬无政府工团主义观点。1919 年10 月"左派"反对派被开除出党后,参与组织所谓的德国共产主义工人党。不久退出该党,回到德国社会民主党。1924—1933 年任社会民主党一些报纸的编辑。法西斯上台后参加党的地下工作。1936 年被捕,在法西斯监狱和集中营囚禁四年。——25。

司徒卢威,彼得·伯恩哈多维奇（Струве, Петр Бернгардович 1870—
 1944）——俄国经济学家,哲学家,政论家,合法马克思主义主要代表人物,
 立宪民主党领袖之一。19世纪90年代编辑合法马克思主义者的《新言论》
 杂志和《开端》杂志。1896年参加第二国际第四次代表大会。1898年参加
 起草《俄国社会民主工党宣言》。在1894年发表的第一部著作《俄国经济
 发展问题的评述》中,在批判民粹主义的同时,对马克思的经济学说和哲学
 学说提出"补充"和"批评"。20世纪初同马克思主义和社会民主主义彻底
 决裂,转到自由派营垒。1902年起编辑自由派资产阶级刊物《解放》杂志,
 1903年起是解放社的领袖之一。1905年起是立宪民主党中央委员,领导
 该党右翼。1907年当选为第二届国家杜马代表。第一次世界大战爆发后
 鼓吹俄国的帝国主义侵略扩张政策。十月革命后敌视苏维埃政权,是邓尼
 金和弗兰格尔反革命政府成员,后逃往国外。——54。

斯诺登,菲力浦（Snowden, Philip 1864—1937）——英国政治活动家,独立工党
 右翼代表人物,工党领袖之一。1894年加入独立工党,1900年加入工党。
 1903—1906年和1917—1920年任独立工党主席。1906年起为议员。第
 一次世界大战期间是中派分子,主张同资产阶级联合。1924年和1929—
 1931年先后任第一届和第二届工党政府财政大臣。1931年参加麦克唐纳
 的国民联合政府。写有一些关于英国工人运动的著作。——61、63、66、
 67、68、69、70、71、90。

T

特雷维斯,克劳狄奥（Treves, Claudio 1868—1933）——意大利社会党改良派
 领袖之一。1909—1912年编辑社会党中央机关报《前进报》。1906—1926
 年为议员。第一次世界大战期间是中派分子,反对意大利参战。敌视俄国
 十月革命。1922年意大利社会党分裂后,成为改良主义的统一社会党领袖
 之一。法西斯分子上台后,于1926年流亡法国,进行反法西斯的活动。
 ——92。

屠拉梯,菲力浦（Turati, Filippo 1857—1932）——意大利工人运动活动家,意
 大利社会党创建人之一,该党右翼改良派领袖。1896—1926年为议员,领
 导意大利社会党议会党团。推行无产阶级同资产阶级阶级合作的政策。
 第一次世界大战期间持中派立场。敌视俄国十月革命。1922年意大利社

会党分裂后,参与组织并领导改良主义的统一社会党。法西斯分子上台后,于 1926 年流亡法国,进行反法西斯的活动。——11、12、48、92、93。

W

瓦扬,爱德华·玛丽(Vaillant,Édouard-Marie 1840—1915)——法国工人运动活动家,布朗基主义者。1866—1867 年加入第一国际。1871 年为巴黎公社执行委员会委员,领导教育委员会。公社失败后流亡伦敦,被选为第一国际总委员会委员。曾被缺席判处死刑,1880 年大赦后返回法国,1881 年领导布朗基派革命中央委员会。参与创建第二国际,是第二国际 1889 年巴黎和 1891 年布鲁塞尔代表大会代表。1893 年和 1897 年两度当选为议员。在反对米勒兰主义斗争中与盖得派接近,是 1901 年盖得派与布朗基派合并为法兰西社会党的发起人之一。1905—1915 年是法国社会党(1905 年建立)的领导人之一。第一次世界大战期间持社会沙文主义立场。——49。

文德尔,弗里德里希(Wendel,Friedrich 1886—1960)——德国左派社会民主党人,讽刺政论家。1918 年十一月革命后加入德国共产党,参加党内的劳芬贝格—沃尔弗海姆"左派"反对派,宣扬无政府工团主义观点。1919 年 10 月"左派"反对派被开除出党后,参与组织所谓的德国共产主义工人党。1920 年底又被该党开除,不久回归德国社会民主党。1924—1932 年任社会民主党的讽刺刊物《实话》杂志编辑。法西斯上台后脱离政治活动。——25。

沃尔弗海姆,弗里茨(Wolffheim,Fritz 1888—1942)——德国左派社会民主党人,政论家。第一次世界大战期间持国际主义立场,反对社会民主党右翼领袖的社会沙文主义和中派和平主义政策。1918 年十一月革命后加入德国共产党,在党内与亨·劳芬贝格一起领导"左派"反对派,宣扬无政府工团主义观点和所谓"民族布尔什维主义"的小资产阶级民族主义纲领。1919 年 10 月"左派"反对派被开除出共产党后,参与组织德国共产主义工人党,1920 年底被该党开除。后脱离工人运动。——25。

X

希法亭,鲁道夫(Hilferding,Rudolf 1877—1941)——奥地利社会民主党、德国

社会民主党和第二国际机会主义领袖之一,"奥地利马克思主义"理论家。1907—1915 年任德国社会民主党中央机关报《前进报》编辑。1910 年发表《金融资本》一书,对研究垄断资本主义起了一定的积极作用,但书中有理论错误。第一次世界大战期间是中派分子,主张同社会帝国主义者统一。战后公开修正马克思主义,提出"有组织的资本主义"的理论,为国家垄断资本主义辩护。1917 年起为德国独立社会民主党领袖之一。敌视苏维埃政权和无产阶级专政。1920 年取得德国国籍。1924 年起为国会议员。1923 年和 1928—1929 年任魏玛共和国财政部长。法西斯分子上台后流亡法国。——12、16、56、59。

谢德曼,菲力浦(Scheidemann,Philipp 1865—1939)——德国社会民主党右翼领袖之一。1903 年起参加社会民主党国会党团。1911 年当选为德国社会民主党执行委员会委员,1917—1918 年是执行委员会主席之一。第一次世界大战期间是社会沙文主义者。1918 年 10 月参加巴登亲王马克斯的君主制政府,任国务大臣。1918 年十一月革命期间参加所谓的人民代表委员会,借助旧军队镇压革命。1919 年 2—6 月任魏玛共和国联合政府总理。1933 年德国建立法西斯专政后流亡国外。——12、55、56、58、59、61、63、66、78、84、90。

Y

尤登尼奇,尼古拉·尼古拉耶维奇(Юденич,Николай Николаевич 1862—1933)——沙俄将军。1905—1906 年曾在亚美尼亚指挥讨伐队。第一次世界大战初期任高加索集团军参谋长,1915 年 1 月起任高加索集团军司令。1917 年 3—4 月任高加索方面军总司令。1918 年秋侨居芬兰,后移居爱沙尼亚。1919 年任西北地区白卫军总司令,是反革命的"西北政府"成员。1919 年两次进犯彼得格勒,失败后率残部退到爱沙尼亚。1920 年起为白俄流亡分子。——29。

Z

祖巴托夫,谢尔盖·瓦西里耶维奇(Зубатов,Сергей Васильевич 1864—1917)——沙俄宪兵上校,"警察社会主义"(祖巴托夫主义)的炮制者和鼓吹者。1896—1902 年任莫斯科保安处处长,组织政治侦查网,建立密探别动队,破坏革命组织。1902 年 10 月到彼得堡就任警察司特别局局长。

1901—1903 年组织警方办的工会——莫斯科机械工人互助协会和圣彼得堡俄国工厂工人大会等,诱使工人脱离革命斗争。由于他的离间政策的破产和反内务大臣的内讧,于 1903 年被解职和流放,后脱离政治活动。1917年二月革命初期自杀。——37。

责任编辑：刘江波
装帧设计：汪　莹
版式设计：周方亚
责任校对：杜凤侠

图书在版编目（CIP）数据

共产主义运动中的"左派"幼稚病/列宁著；中共中央马克思恩格斯列宁斯大林著作
　编译局编译. —北京：人民出版社，2016.12（2020.9 重印）
（马列主义经典作家文库）
ISBN 978－7－01－017001－5

Ⅰ.①共…　Ⅱ.①列…②中…　Ⅲ.①马列著作-马克思主义　Ⅳ.①A226

中国版本图书馆 CIP 数据核字（2016）第 289742 号

书　　　名	共产主义运动中的"左派"幼稚病
	GONGCHANZHUYI YUNDONG ZHONG DE ZUOPAI YOUZHIBING
编 译 者	中共中央马克思恩格斯列宁斯大林著作编译局
出版发行	人民出版社
	（北京市东城区隆福寺街 99 号　邮编 100706）
邮购电话	（010）65250042　65289539
经　　销	新华书店
印　　刷	北京新华印刷有限公司
版　　次	2016 年 12 月第 1 版　2020 年 9 月北京第 2 次印刷
开　　本	635 毫米×927 毫米 1/16
印　　张	10.5
插　　页	2
字　　数	120 千字
印　　数	10,001-15,000 册
书　　号	ISBN 978－7－01－017001－5
定　　价	28.00 元